负债翻身

重塑你的财富人生

肖龙 著

北京联合出版公司

图书在版编目（CIP）数据

负债翻身：重塑你的财富人生 / 肖龙著. -- 北京：
北京联合出版公司，2025.9（2025.9 重印）. -- ISBN 978-7-5596-8532-2

I. F275-49

中国国家版本馆 CIP 数据核字第 20259WS949 号

负债翻身：重塑你的财富人生

作　　者：肖　龙
出 品 人：赵红仕
出版监制：再　冉
责任编辑：刘　恒
封面设计：仙　境
内文排版：庞海飞

北京联合出版公司出版
（北京市西城区德外大街 83 号楼 9 层　100088）
三河市腾飞印务有限公司印刷　新华书店经销
字数 84 千字　710 毫米 × 1000 毫米　1/16　12.25 印张
2025 年 9 月第 1 版　2025 年 9 月第 2 次印刷
ISBN 978-7-5596-8532-2
定价：59.80 元

版权所有，侵权必究

未经书面许可，不得以任何方式转载、复制、翻印本书部分或全部内容。
本书若有质量问题，请与本公司图书销售中心联系调换。电话：（010）64258472-800

序言 preface

"砰砰"两声枪响在我身后炸开。"有人在追杀我",这是我的第一个念头。

我像疯了一样奋力向前奔跑着,只是很奇怪,脚下怎么没有力气。眼前是一个类似于仓库的地方,两排金属货架上摆满了成盒的货品,周围不断闪烁着红色的危险信号。我努力跑,努力一步一步向前迈进,但两侧的环境没有发生任何改变,一种无形的力量如一只黑色的手,抓着我的衣襟向后拖拽,试图将我吞噬。

我深知不能停下，即使不知道将会发生什么，但直觉敏锐地响起预警——一定不会是什么好事。在巨大力量的拉扯下，我疲惫了，每一次抬腿都要咬牙切齿地用尽全力。渐渐地，我失去了全部力气，任由那只无形的手将我拖入无尽的黑暗。

明明就差一点儿了，明明再用力一点儿就可以逃出去了。绿色的出口伴随着我的绝望缓缓消失在眼前，只剩痛苦，如影随形。

惊醒后，睡衣已被冷汗浸湿大半。相同的噩梦在我负债后时不时出现在睡眠中，不断纠缠着我。这是一个专属于我的晦暗阴冷的深渊，越挣扎，越下陷，直到喘息不得。

3300万，8位数，这个数字夸张到令我难以置信，也很难用一两句话说清楚我是如何欠下这么多债务的。无非是做点小买卖——卖女鞋，怎么能在这么短的时间内成了穷光蛋，甚至比穷光蛋还不如，每天都在被债务"追杀"呢？那段时间里，生活的困窘真应了导演饺子的那句

序言

话——穷到装都装不出有钱。

冰冷的现实肆意地侵入生活的各个角落，我知道，"生"的希望已微乎其微。

我曾懦弱地想过死亡，一闭眼，一蹬腿，持续折磨我的痛苦就会全部结束。我研究过死亡的方式：远离家乡，起码不要让我的孩子们看到父亲的惨状，我担心会给他们造成无法磨灭的创伤；远离爱我的妻子，陪我辛苦奋斗了半生，却没能给她好的生活，这份亏欠，我无法补偿。

最好是到一个陌生的城市，一盆木炭或一根绳子，一个人与世界告别。但我最后打消了这个念头，我可以懦弱，但不能自私。

债务不会因我的离去而消失，痛苦会转嫁到妻儿和其他我爱的人身上。我的奶奶、父母，他们都是在农村生活了一辈子的老实人，节俭了一辈子，生了病都舍不得花钱去看。我又怎么能让他们去承担我犯下的过错？不论能与不能，这份责任，我只能一个人扛下来。

我也动过歪心思。人在走投无路的时候，那些投机的崩坏的想法就会不由自主地冲入脑海。

生意很差。我一共有两个仓库，囤了近57万双滞销的鞋子，这些卖不掉的鞋就是我欠债的主要来源。

大的仓库有两层楼那么高，生意好的时候这里有很多工人忙碌着。为此，我特意在二楼搭建了一个小平台，放上几张沙发，布置了一个茶桌，用来招待客户。

这个平台视野很好，既能俯瞰仓库的全局，也能看外面的风景。忙时喝上两三盏茶，随后即投入一天的工作；闲时也能小憩一会儿。客户来到我这儿都会夸这是个"得天独厚"的好地方。

时过境迁，工人已经被我遣散回家。我没有辞退他们，但工厂没什么重要工作，还不如让他们回去休息几天。我一个人站在平台上，茶桌和沙发已布满灰尘，轻轻一掸，循着窗口射入的阳光，可以看到灰尘猛地飘起，又缓缓落下，一派破落之相。

我欠债的消息很快传开，彼时关系好的几个客户也因为我欠了他们的钱，很难再来往了。

往四周一望，我发现并没有人，仓库的摄像头也早就被我关掉了。突然我脑子一热，冒出一个可怕的想法。

"要不然一把大火烧了仓库吧。保险上得全，说不定能拿点儿赔偿金。"

坦白说，这个想法把我自己也吓了一跳，我浑身开始冒冷汗。短短几秒钟犹如一个世纪般漫长，我想知道，那些成功的企业家是否也在事业低谷期有过如此极端的念头，为什么他们能东山再起，而我却不能？

我回想着自己的成长之路，试图在脑海里追寻那些比金钱更重要的东西，如底线，如良心。

恍惚间，我好像降落在一片柔软的草地上，周围生长着金灿灿的油菜花，用力呼吸能闻到青草幽微的香味。晃晃悠悠，我走到一座瓦房前，门口的藤椅被岁月磨得锃亮，把手因为长时间的磨损起了倒刺。藤椅上坐着一位老奶奶，她在看到我后欣慰地笑了，皱纹随着笑容挤在一起，褶皱里满是喜悦。她瞎了一只眼，但另一只眼非常明亮，比天上的星星还要亮。

她轻轻地唤我:"肖龙。"我知道我回家了,这是我的家乡,我靠打拼走出去的地方。

四川巴中恩阳有个叫磨子乡的贫困山区,我就出生在这里。

"穷",是我整个童年最大的感受,也是我尽力想摆脱的过往。童年,我很快乐,只是很穷,那就"穷快乐"。

上学时走的泥泞土路,总是深一脚浅一脚,是我跟朋友们互相"竞赛"的场地;做饭时灶坑里烧的是我前一天上山砍下的柴火,砍柴时会遇到些小动物、小植物,就带回家给奶奶看看;一年到头也吃不上几顿肉菜,但我还是长得白白胖胖的,没生过什么大病,健康地活在自己的小世界里。

父母双双外出打工,只有过年能见到,多数时间里我都是跟奶奶一起生活的。

每个村里或许都会有一位这样的老人:瘦小、健谈,谁家有事情了都热心地去帮忙,但又不喜邻里间的闲言碎语，宁愿自己在家里躲清净。每天有干不完的农活，却从不喊苦喊累，好像有使不完的力气。儿女都在外打拼，他们毫无怨言地扛起照顾孙辈的责任，可能一生都没走出过村庄，一肚子的生活智慧无从向外人谈起，只能说给自己的孙辈们听。

我的奶奶就是这样的人。她每天清晨起来喂猪，屋前的地上种着菜、种着花，都是她一个人打理。她身体一直很硬朗，80多岁还能上山背猪菜。忙完农活就半躺在家门口的藤椅上休息。对我永远事事有回应。

有时候我很疑惑，这位从未走出过大山的质朴老人，到底是如何把自己活得如此通透的？我前半生最重要的行事准则是利他主义——学到了就要教人，得到了就要给人，这是奶奶教给我的。这个思维放到现在也不过时，帮我渡过了很多生活上的难关。

奶奶的一生都在奉献中度过。记得有一年冬天，巴中下了很大的雨，气温低，雨后的空气如寒刀扎入身体般刺骨。晚上寒风突起，三间小瓦房好像也跟着晃起来，我蜷缩在炕铺上，祈祷着天亮，祈祷着阳光尽快到来。迷迷糊糊间，有人将被子搭在了我的身上，身体涌上一股暖意，我沉沉地睡了过去。

醒来后我才知道那是奶奶的被子。第二天一早我去摸她的手，像被风雨吹打下来的枝丫一样，干枯而冰凉。但她依然笑着，在灶台边忙碌着，准备着我俩的早饭。她之后说的话我已记不太清了，依稀记得她在安抚我，说着类似"昨晚吓坏了吧"这样的话。

或许家人就是如此，他们不求你大富大贵，不求你金榜题名，只希望你能在夜里温暖地入睡，做个香甜的好梦。

睁开眼，我又回到了那间库房，面对着把我"压死"的货品。不知何时起，我又开始流泪。不是悔恨的泪，是不甘的泪。成年后的我很少哭，但每次想到奶奶，内心都会变得异常柔软。

奶奶还在等着我回家，她一定不希望我在此刻认输。我也知道，只有将眼前的债务解决掉，只有将噩梦彻底打碎，我才能体面地站在她面前，跟这位慈祥的老人倾诉我这次经历的难处，再次获得她的安抚。

之前我还在犹豫，公司倒闭就倒闭吧，大不了成为被执行人，一辈子坐不了高铁、坐不了飞机，又能怎样呢？抛弃身外之物，我还可以继续生活下去。

可是，我是老板！坐到了这个位置，我所做的决定并不只会影响自己。我的工作伙伴怎么办？我的家人怎么办？我最爱的奶奶，如果知道我过成这样，她会怎么想？

我打消了"烧仓房"的念头，痛骂自己竟然出现了这样一个愚蠢的想法。命运将我按倒在地，但我要站起来，再为自己搏一条出路。

之前普通的销售渠道已经走不通了，回款的速度无法赶上我被追债的速度。我必须另辟蹊径，做直播！别人都能凭直播发家致富，凭什么我不行！

那时的我知道，这是我最后的翻身机会了。

目 录
contents

第一章 走出负债经验总结，但我希望你永远用不到 / 001

第二章 翻身思维，在绝望中拉了我一把 / 013
   钱难赚吗？还行 / 013
   用翻身思维去看待每个"意外" / 026
   接纳、觉察与改变的能力 / 035

第三章 "真还传"正式开始，行动自会证明一切 / 049
   抱着平常心向上攀登 / 049
   普通人面对逆境，只想躺平怎么办 / 060

　　　　直播后，我的精神力来源 / 067

第四章　现金为王的时代，我想对抗命运 / 077
　　　　做独特的个体，也要做独特的生意 / 077
　　　　现金为王的时代，库存就是生命 / 089
　　　　时移势易，我们该如何突围 / 098

第五章　深耕人心的红利，爱是一切的答案 / 109
　　　　努力奋斗的我们，到底在拼什么 / 109
　　　　与用户共情式成长，以心换心 / 117
　　　　最爱我的人，再也等不到我回家 / 132

第六章　你卖的不是产品，而是你自己 / 143
　　　　生意中出现意外事件，我们第一步要做什么 / 143
　　　　能成功翻身的人，都具备什么品质 / 151
　　　　什么是好生意？如何做好生意？ / 159

第七章　要成为好的创业者，也要做更好的自己 / 171

后　记 / 179

第一章　走出负债经验总结，但我希望你永远用不到

从我自己负债开始，我逐渐观察到一个令人遗憾的现象：在如今的社会环境下，个人负债、公司欠债似乎成了司空见惯的事情。小到信用卡账单分期打工人每个月的工资大部分都用来还钱，大到公司停摆老板背上以百万计数的债务。

可以说，当今社会，很多普通人都有债务，这背后不仅是个人行为模式的转变，还有社会文化、消费观念的

推动。

  银行、信用卡发卡方、网贷平台等机构提供了便捷的借贷渠道。无论是购房、购车还是日常普通消费，借贷已经成为一种常态。消费主义盛行的当下，人们通过消费来获得幸福感和身份认同。广告、社交媒体和名人效应不断地强化这种观念，使得人们更容易产生冲动消费和超前消费，人们越来越习惯于即时满足。无论是网购、外卖还是分期付款，都使得消费的门槛被大大降低。这种消费文化让人们更容易忽视长期财务规划，转而追求短期享受。

  我想说的是，负债已然是许多人生活中不可避免的一部分，无论是房贷、车贷、信用卡债务，还是因投资失败或突发事件产生的经济压力，负债都可能成为我们生活中的一种隐性能量，如影随形。

  面对负债，很多人会感到焦虑、无助，甚至陷入恶性循环。然而，负债并不是生活的终点，而是一个需要正视和解决的问题。

  负债真的很可怕。负债3300万后，我的价值观就变了，生活当中的所有事都在为还钱服务，逐渐失去对生活细微处幸福感的感知能力，所有情绪都在被负债这个问题影响着。

但负债也不可怕，它不过是生命中的一次冒险。不论成败，你一定能从中得到些什么，可能是创业路上的教训，可能是对财务分配的敏感，也可能只是简单地为未来筛选出几个不靠谱的合作对象。这些都是实质性的成长，是未来生活中的宝贵财富。

从我的个人经历出发，站在一个普通人而非创业者的角度，我们在负债后该如何以最快的速度重新找回自我，如何走出阴霾，如何为自己的人生再找到一个出口？我想给你一点建议。

当然，我也真诚地希望，这些建议你永远都用不到。

一、正视负债

负债出现后，一定会出现各种情绪来冲击你的心智，首当其冲的就是焦虑。负债带来的焦虑往往不是因为债务本身，而是因为我们缺乏应对的能力和清晰的计划。焦虑会让我们陷入精神内耗，无法冷静思考，甚至可能做出不理智的决定。因此，第一步是停止精神内耗，接受现状，告诉自己："负债是一种现实，但我有能力解决它。"

稳定心智后最重要的一步是马上厘清自己的债务。很多人之所以对负债感到恐惧，是因为他们对债务的具体情况一无所知。通过厘清账单，我们可以对债务有一个全面的了解，避免因信息不透明而产生恐慌。

你可以拿出纸笔或者手机，将自己的债务分门别类地记录下来，包括信用卡、贷款、亲友借款等，明确每一笔债务的金额、利率和还款日期，将所有债务加总，了解自己的负债总额。之后，评估自己的还款能力，确定根据目前的收入和支出每月可用于还款的金额。

如果你暂时无法按时还款，不要逃避，要主动与银行或债权人沟通，告知他们你的真实情况。许多金融机构，如银行，会提供延期还款、分期还款或利率调整等方案，帮助你缓解短期压力。

负债者常因恐惧选择逃避，甚至产生轻生的念头，但请记得："逃避只会让问题发酵，直面才是解药。"还清负债是个人的责任，主动承担才能赢得尊重。比如，罗永浩在欠下几亿欠款后坦荡地继续创业还债，反而赢得大众对他的信任。

正视负债是很艰难的，人们往往会下意识地否定自己的失败，但躲起来一定无法解决问题，只有直面它、正视它，与它共生，你才有机会在未来的某一天彻底摆脱它。

二、自我觉察，反思负债的根源

当厘清负债的明细后，你首先想到的可能是该做些什么才能扭转局面。但不妨先缓一缓，你刚经历了人生的巨大落差，此刻贸然行事仍有概率将你推向另一个深渊。

此刻我们要思考的是为何我们会走到负债的境地。

负债的根源往往是我们所做的一些不成熟的决定，大致分为以下三点：

第一，盲目投资。许多人仅凭一腔热血就去创业，却未评估行业风险、自身能力与市场需求。如同"刚学开车就上高速",风险几乎不可避免。

第二,超前消费。为了满足虚荣心或缓解社交压力,购买超出自身经济能力的商品。像整容贷、车贷等负债压力大多源于对"面子"与"成功"的过度追求,却忽视了自身实际承受能力。

第三,应急储备不足。没有准备应急基金,导致有突发事件时不得不借贷,如家庭成员突发疾病却无钱救治,暴露了未建立风险防范机制的短视。

胖东来董事长于东来曾说:"负债的本质,是用短期的欲望透支了未来的自由。"这话属实不假。

这时,我们应该更多地"向内挖掘",而非"向外延伸",应多反思自我的问题,而不要将失败的缘由强加在外界因素上。"向外延伸"并不能获得心安,反而会削弱你的意志,让你陷入进退两难的境地。

许多人在面对财务困境时,会试图通过借贷、赌博或高风险投资来快速解决问题,这也是一种"向外"的行为,然而,这种行为往往会让问题变得更加严重。相反,你更应该"向内挖掘",关注自己的能力和资源,寻找可持续的解决方案。

三、制订计划,逐步摆脱负债

接下来,要根据你的债务情况和还款能力制订一个切实可行的还款计划,具体如下:

优先级还款法,即把欠款依照紧迫度与利率排列,按优先级陆续还款。优先偿还利率较高的债务,以减少利息支出。

雪球还款法,即优先偿还金额较小的债务,以快速减少债务数量,增强信心。

债务重组法,即如果有多笔高额债务,可以考虑通过低利率贷款进行整合,降低还款压力。

与此同时,需要削减不必要的开支。比如,取消不必要的订阅服务,减少非必须外出的频率和娱乐方面的支出,选择性价比更高的商品,等等。做到"能省则省",

积水成潭，不要忽视节省小钱带来的有益影响。

当债务得到有效控制、基本生活有所保障后，再进一步通过增加收入来加快还款的进度，做到双管齐下，提高还款效率。

可以利用业余时间从事兼职工作，如钟点工、网约车司机、外卖配送等。或者将你的专业技能转化为收入来源，如设计、写作、编程等。当然，也可以通过出售资产来实现还款。如果没有房、车等固定资产，可以售卖闲置物品，如电子产品、衣物等，以换取现金。

要记住"伟大始于渺小，成功源于坚持"。我观察到很多失业的人，都处于很低落的状态，在家刷剧、打游戏，还有一些生意失败的老板，不愿意去尝试这些"渺小"的工作，但事实上，唯有动起来，好的改变才有发生的可能。

四、在负债中，实现自我成长

负债是一种困境，但当我们转变视角，这也是一个重新认识自己的机会。负债会给我们时间去回顾自己过去的成就与不足，发掘内在的潜力，并接受不完美的自己。

这时，也是我们找到专属于自己财富管道的最好时机。摆脱负债不仅是还清债务，更重要的是找到可持续的财富来源。

有条件的人可以尝试做一些小型的创业，以"归零心态"，选择门槛低、现金流快的小生意，用品质和诚信重建生存基础。

在选择创业方向时，可以优先考虑刚需品类。比如，食品类、日用品类，可以做早点、手工食品，或摆摊卖生活用品等。成本较低，试错代价自然也小。

若感觉效果不错，就死磕一个产品，用优质的环境与原材料和真诚的服务打动客户，初期不以盈利为目标，而是通过建立口碑积累客户。坚持下去，在长期地积累技能中造就传奇。

同时不要忘了持续打磨自我，为自己设定短期的目标和长远的计划，并为之不断努力。

持续学习就是一个很好的积累途径。我们可以通过参加课程或向他人请教，拓展自己的知识面。也可以通过阅读获得稳定心神的精神力量，在某一些动摇的瞬间，为自己找一块压舱石。

要培养自己良好的生活习惯，例如早起、锻炼、记账等，提升自律性和执行力。你可以观察一些优秀的创业者，他们的生活作息都非常有规律，对时间的把控可以精确到分钟，因为他们很明确什么时间要做什么事。自控是一种后天习得的能力，能在自己从事的领域做出成绩的人都拥有良好的自控力；自控会让人更加清醒地去面对生活中的落差，让人可以坦然接受生活中的不确定性。

五、重视吸引力法则，保持积极心态

负债亦是一个重新定义自我的机会。吸引力法则认为，我们的思想和情绪会吸引相似的能量与现实。如果你总是沉浸在负债的焦虑和恐惧中，可能会造成更多负面的结果。相反，如果你保持积极的心态，专注于解决问题和提升自己，你会吸引更多的机会和资源。

刚刚负债的你，收获了一个天赐良机，你可以重新选择成为一个怎样的人。那些从苦痛中提炼出来的智慧也是滋润你的养分，你终会摆脱一直禁锢你的名为"必须成功"的枷锁，迎来精神上的自由。

成功的定义、衡量幸福的标准、实现社会价值的准则，可能会在你面前统统失效。你可以按照自己的目标为它们下新的定义——让你感觉舒适、不被世俗规则困扰的定义，并从中获得力量。

我始终认为，生意不仅是谋生手段，更是传递幸福的载体。但最重要的，是要让你自身感受到幸福。只有你自己在创业的过程中感受到了认可、欣喜与幸福，你才有能力将它传递给你的顾客，而你的生意自然也就会蒸蒸日上。

负债并不可怕，可怕的是我们被负债所困，失去了前进的勇气和信心。记住，负债只是人生中的一个阶段，而不是终点。只要你愿意行动，未来依然充满希望和可能。

"翻身的关键,并不在于挣多少钱,而在于成为怎样的人。"若能以勇气面对当下,以匠心经营事业,以豁达的心态看待人生,终将在谷底触摸到光明的轨迹。

如果你只是一位渴望负债翻身的普通人,想学习一些经验,那么我建议你读到这里就可以了。但如果你对一位落魄的中年老板负债3300万后的翻身故事有点兴趣的话,不妨再往下看看,听听我的故事。

第二章　翻身思维，在绝望中拉了我一把

钱难赚吗？还行

创业前半程，我的确赚到过钱。

穷人家的孩子早当家，这话从来不假。懂事之后，我就开始想尽办法赚钱。我从不掩饰自己对金钱的欲望，我希望能让家人过上富裕的生活。他们不需要再辛苦下地

劳作；选择自己想要的东西时不再需要看别人的眼色；不再困在工作中，节衣缩食，一生都没能力走出去看外面的风景。

冬天小溪边的水冰凉刺骨，夏日在田地里耕作时流的汗会瞬间浸透身上整件上衣。曾是农民的我，深切地知道个中艰辛。经历过这样辛苦日子的人，肯定想到过逃离，起码不要让自己的下一辈再继续过这样的生活。

我就是想赚钱，这没什么好隐藏的。

其实，我成绩并不算好，但从小喜欢上计算机课。第一次接触电脑的感觉，我只能用震撼来形容。那是完全超乎我想象的另一个世界，仅仅通过一台小小的机器就能完成那么多事情，我只觉得不可思议。

也是从这时起，我对互联网的发展格外敏感。

接触电脑不久后，我觉得这就是未来的趋势，一直求着父亲也给我买一台电脑，放在家里学习用。2004年时，从磨子乡到巴中市里需要走很长的路，还要坐大巴车，班次不太多，每班要间隔半个小时以上。我那天特别兴奋，

第二章 翻身思维，在绝望中拉了我一把

父亲叫了好友一起，我们一行3人在公交车站边聊天边等车。平时不觉得等待漫长，那刻却像电影里的慢镜头一样，让我觉得时间特别难熬。

当时刚进入21世纪，电脑在城里都算稀罕玩意儿，更别说在我生活的小县城了。买电脑的路上碰见熟人，父亲都骄傲地要聊上几句，跟我考上大学了似的。

买这台电脑是父亲大半生中花过的最大的一笔钱，他还借了一部分，最终凑齐了3700元。抵达清华同方电脑门店的时候，他从裤兜里翻出来一个透明塑料袋，里面包裹着皱皱巴巴的一摞纸币，10块、20块、50块……他就这么一点点凑出了这笔"巨款"。

父亲是个安分守己的农民，没什么大本事。小时候在田里帮奶奶务农，劳作使他的皮肤黝黑，脸上也比同龄人多了些褶皱，看起来要老一些。生下我后，父亲开始常年外出打工。在村里生活久了，常能听身边的长辈们调侃他，说他真顾家，赚了钱也不知道花。其实我心里知道，他对自己是有些吝啬的，唯独对我，父亲向来舍得。

从城里回家，下了公交仍需要走上一段土路，前日下过雨，路面湿滑。当年的台式机非常笨重，我们3个大男人轮番接力抬着往家走。电脑在父亲手里的时候，他微微顿了一下，大概是心里忐忑吧，每一步都走得小心翼翼，谁知下一秒却脚下一滑，狠狠摔了一跤。我回过头的时候看到，父亲半跪在泥里，手里也不知是哪儿来的力气，竟直接把电脑举过了头顶，大喊着："先接过去，接过去。"等我接过电脑，他才缓慢地站起身，满腿的泥泞，泥点子溅了他一身。回家后，父亲的膝盖鼓起了大包，我说带他去看看，他执意不肯去。

命运有时真的很神奇。它会馈赠你礼物，也会在不经意间安排一些磕绊，如平坦大路上不起眼的小石子，意外将你绊倒后，需要缓很久才能站起身来。

高二时，父亲出了车祸，全家一下子变得慌乱起来。去医院探望父亲时，我看到他浑身插着数不清的管子，虚弱地喘着气。我叫他，他微微睁开眼，很快又陷入昏迷。我第一次看到父亲这副模样，脆弱、无力，那一刻我体会

第二章 翻身思维，在绝望中拉了我一把

到了对失去亲人的恐惧。

高额的医药费是首先压过来的一座大山。母亲掏空家里的积蓄还是不够，为了筹钱，她每天都在外跑亲戚。很多亲戚不愿意借钱的原因很简单，他们觉得父亲活不下来，连母亲的面也不肯见。亲戚们也大多是贫苦的小老百姓，平日里生活难有富裕。穷人跟穷人借钱，那就是漏了的水桶互相填。父亲躺在病床上的时候，母亲愁白了头发，经常一个人暗自哭泣。最后是我幺爸，也就是爸爸的亲弟弟把所有家底掏出来，救了父亲一命。这个恩情我到现在都记着。

当时的我虽然没有什么赚钱能力，但也想为家人分担一些困难。我一边读书一边赚钱，用家里的电脑开了一个小型培训班，教村里的小孩一些基础的电脑操作知识，偶尔在周末用电脑放经典电影，把我家当作放映室，由此有了一笔小小的收入。我想着就算不能帮衬家里，也能帮他们减减负。日子就这样一天天熬了过去。

上大学后，我得以走出大山，并毫不犹豫地选择了计

算机专业。大一后期，我就开始琢磨着如何创业。当时我喜欢听歌，也爱看电影，于是我思考能否将爱好转变成赚钱的方式呢？在好友谢东方的帮助下，我成立了一个专门收集台词和剧本的网站，供人们下载感兴趣的内容。

业务发展远远超出了我的预期。当时正是互联网飞速发展的时期，有很多外商投中国网站的广告，我也借着这股东风顺势起飞，开始赚美元。

短短一两年，我不仅把自己的学费赚了出来，还攒下了创业的第一桶金，从此没问家里要过一分钱。

当时的我也不过20岁出头，比起赚多少钱，那种可以凭能力养活自己的成就感，更加令我兴奋。我随即开始思考依靠互联网赚钱的无限可能，了解各种商业模式，从而丰富自己的知识储备。

2007年前后，"网络电商"一词进入我的视线。正值我创办的台词网站越发不景气，于是我果断地关掉了网站。当时的辅导员成良锟、大学同学廖明严正在淘宝开店卖东西。我们虽然在各自的领域奋斗着，却冥冥之中有着

第二章 翻身思维，在绝望中拉了我一把

同一个目标：研究中国当时的电子商务。2007年年底我开了一家淘宝店，觉察出其中的商业价值，开始转战线上精准定位消费者需求，卖大码女装。

能精准定位大码女装这个痛点，起因是一件很小的事情。这也是我想跟当下的创业者输出的观念——在生活的细节中寻找痛点，求同存异，或许就是你的商机。

彼时，网络电商远没有如今这么大的体量，但也渐成规模。我在前期做调研的时候，会看热门店铺的评论区。我发现评论中经常充斥着"尺码不合适""尺码太小了"等言论；私下里我也问了很多身材丰满的女性，得到的答案都高度统一——市场苦没有大码女装久矣。

店铺的选品仍然瞄准市场上的流行款式——当时很火的卫衣、连帽衫、阔腿裤等，不过店铺的服装尺寸被我定位在L码到XXXL码，这是我与其他店铺不同的差异化营销策略。

果然，我的定位没有错。店铺一开张就是清一色的好评，身材较为丰满的姑娘们为能在我的店铺里选到心仪的

服装，留下了很多暖心的评论。店铺也随着大家的喜爱从星星升级到钻石，那段时间我每天醒来都感觉生活充满了希望。

即使忙碌，我也没有放弃学业，继续一边读书一边做电商，早起晚睡已成了习惯，在上课间隙去经营自己的淘宝店，处理线上的发货、退货、售后，真的很累。不过，这使我获得了难得的经验，也是创业的必经之路。哪有未经困苦就能遇到天上掉馅饼的事？如果真的掉了，那也一定不好吃。

相信此时的你肯定在想，这创业过程也太顺风顺水了吧，农村小伙有商业头脑，开店就赚钱，未到而立之年就依靠网店挣了大钱，这完全就是"爽文"，也太假了。

如果之后没有欠下3300万，我自己差点儿也相信，我就是被命运冥冥之中选中的"天命人"。

事实证明，"天命人"也有他的关卡要过，就如《黑神话：悟空》里令人头疼的虎先锋。现实生活里的"虎先锋"可不会先是战斗前摇再向你扑来，那都是毫无预警直

第二章　翻身思维，在绝望中拉了我一把

接开始撕咬你的。

大码女装生意攀上高点后，迅速迎来了下滑。首先是电商平台各大店铺的崛起。电商的蛋糕就那么大，嗅到其中商机的创业者肯定不止我一人。当人们一窝蜂地冲向某一个领域，商业生态的缩水已是必然。其次是供应链出了一点问题。跟我合作的供应商也有自己的店铺，利益面前，他会优先选择给自己的店铺供货，以至于到了合作后期，我店铺的顾客都申请退款了，我的货品在供应商那边还没着落。

意识到这样下去不是办法，我开始在成都当地寻找靠谱的供应链。利用地缘优势，找到能为自己所用的商机，是我在这段时间里学到的方法。

不知道怎么找店铺，我就跟着一个快递员取经，在他的指引下开始了漫长的寻货之路。数不清走访了多少家百货市场、大型商超，终于，在成都荷花池批发中心，我找到了心仪的货品——女鞋。

成都是中国的女鞋之都，工厂流水线女鞋每年的进出

口量都非常可观。当年网络上流行的韩风厚底鞋、波西米亚凉鞋等，都是从这里发货的。了解到足够多的信息后，我延续了自己拿手的商业模式，开了一家女鞋网店，从荷花池批发中心进货，拿到网上去卖。

后来的事实证明，对于女鞋的商业运作模型，我的确有点误判。虽说女鞋的单价比服装低，但每一个品类需要不同的颜色和码数，这个特性使得投资女鞋需要大量的资金成本。从实体店进货需要一次性付清大半甚至全部费用，之前攒下的启动资金用来付货款简直是杯水车薪，还没大学毕业的我，几乎是一夜之间穷得叮当响。为了能拿到货，我使尽浑身解数，晓之以情动之以理，甚至不惜"卖惨"，这在一定程度上成就了我的演讲天赋。

最难的时候，我只能把身份证抵押给老板，等货款到账了，再去赎回来。

因为价格相对便宜，我的店铺很快做出体量。进的货我仅加价10块钱便卖出，刨去邮费、包装费、人力运营成本，到手的利润并不多。薄利多销的概念是我的初衷。我穷过，知道穷时想给自己置办点新衣服时的窘迫和纠结，所以我想让经济不宽裕的年轻人可以不用再省吃俭用，不用担心信用卡的额度，在我的店铺买到心仪的鞋子。

现在想想，在荷花池批发中心拿货的那段日子挺辛苦的，每天早上6点出发，骑着一辆电瓶车来回跑。即使我如此辛苦地卖货，店铺的退货率依然很高。主要是荷花池批发中心的鞋子大多是PU材质的，不是真皮鞋，质量堪忧。那时我每天都因为退货率高焦虑得睡不着觉。

记得有一年的一个下雨天，我在骑车拿货的路上撞倒了一位女士。我当时十分慌张，赶忙陪她去了医院，好在那位女士身体没什么大碍，付了医药费、道过歉后我便离开了。但是那批鞋子因为浸了雨水，无法继续售卖，也就砸在了自己手里。

此时恰逢淘宝商城出现，就是天猫的前身，其认证和推流的体系，对于所有电商老板来说都是一个天赐良机。从这个阶段开始，我意识到品牌的重要性。拿货卖货，那是销售该做的事情，而我如果想将其做成一番事业，必须自立门户，用一个品牌标识与自己店铺捆绑起来，从核心品牌形象做起来。

于是我当即决定去注册自己的品牌。2009年，我带着一身初出茅庐的稚气准备去注册公司。注册公司需要到银行验资，我就近找了家银行。接待我的是一位看起来很老练的大堂经理，问我注册资金是多少。当时我刚大学毕业，又经历了一轮创业的洗礼，手里的确没有多少启动资金，轻声答道："3万块。"

大堂经理扑哧一声笑了出来，用略带鄙夷的神情说道："只有3万块呀？"他接过了我的营业执照，接着问："你卖的鞋是什么牌子？"原本我没有想好品牌名称，经他这么一问，我脑海中突然想起那首我最爱的《阿么》，歌词里唱着："挑战忍耐的极限……风生水起，尘世硝烟。"

几乎没有犹豫，我说："那就叫阿么女鞋吧。"

殊不知，创立阿么女鞋，将是我创业生涯中一个重大的转折点。

同时，我抛弃了与实体店档口的合作，主动联系制鞋厂商，希望能从一手货源的挑选中在女鞋赛道开辟出一条专属于自己的生存之道。我实现了在批发商处拿货到跟工厂合作打板生产的模式转变。现在的很多电商品牌都渐渐转为工厂直营店，而非与供货商合作推出商品。这个意识，我早在十多年前就有了。

我的决策为我迎来了事业上的另一个高峰。随着时间推移，品牌渐渐积攒下来了十几万的忠实用户。因为是一手货源，每双鞋子我都很注重品质，从时尚度、舒适度、耐久度等方面进行严格的筛选。质美价廉，加上平台对优质店铺的推流，销售量自然与日俱增。

生意最红火的时候，店铺一天能卖出几千双鞋子，公司的规模也渐渐从4人，扩张到后来的20多人。后来，我安排了一次公司全体员工的团建，去九寨沟看美景，包车、包吃住，整个过程都那么惬意愉快。我有理由相信，"阿么"会在这么一群有理想、有凝聚力的工作伙伴的共同运营下，迎来下一个销售高峰。

殊不知，一颗"隐雷"在此刻埋下了肉眼看不到的引信。

用翻身思维去看待每个"意外"

翻身思维，是我在整个创业过程中通过不断溃败再生而习得的能力。"溃败"这个词或许有些过激，可在我看来，每一个困境背后的情绪就是溃败。它不是绝望，绝望是看不到任何生的可能，而我一直在追寻绝境翻身的机会。它也不是失败，失败太轻描淡写，好像可以一笔带过。"溃败"是个恰到好处的形容，不那么绝望，也没有明确的希望。

翻身思维对应的是躺平思维。躺平有几种表现，一种是陷入悲观情绪中不能自拔，认为目前遇到的困难无法解决；一种是过度自大吹嘘；一种是过度自卑。

举一个很简单的例子。一位优秀的篮球前锋运动员输了比赛，他将责任推卸给队友、推卸给教练，但从不在自己身上找原因；抑或认为自己表现得非常好，是其他人拖了后腿，怨天怨地。这就是躺平思维。这类人认为人的能力是固定不变的，他们更关注如何证明自己的能力，而不是发展能力。比如，一个具有固定思维的学生如果在一场考试中成绩不理想，他会认为自己没有学习的天赋，而不去分析自己学习方法的问题。

很长时间里，我也是个习惯于躺平的人，新一轮的问题出现后，我会在自满而激进地解决问题和摆烂放弃之间徘徊。当然，这也为我之后的负债埋下了种子。

聊回之前所说的"隐雷"。从九寨沟回来后，发生了一件令我意外的事情——公司前后有七八位核心成员纷纷提出离职。得知消息后，我顿感手足无措，也不太理解。公司明明在上升期，红利也发了下去，我不明白为何大家纷纷想要离开。

后来我找大家逐一谈话，大致明白了其中缘由。一部分人认为公司现在赚了大钱，但是他们个人的薪资并没有提高，所以想另投他家；一部分人认为个人能力提升了，想去规模更大的公司试试,争取事业上再攀一个高峰。

按我之前的思维逻辑,公司有人员流动很正常,每个人都有自己的抱负和规划,敢于追求自己目标、获得个人利益的员工值得鼓励,我可能不会做太多的挽留。可真正与他们对话过后,我意识到这对公司运营来说不是一个良性现象。核心人员的流动势必会引起其他员工的恐慌,也会对企业后续经营造成困扰,我必须做点儿什么。

为此,与大家聊完后,我一对一地给对方发了长文,想明确对方的痛点,力求沟通出一个双方都满意的解决方案。在关心员工心理变化这个方面我的确做得不够,我也在深刻反思。

最后,有4名员工在沟通后选择留下来,我见其他人去意已决,只能祝他们未来一切顺利。

此次危机过后,我开始重新思考老板和员工之间的关系。管理一家公司,并一心扑在经营管理上,难免对很多身边的人有所忽视。对亲人的关心、对生意伙伴的维系、对员工工作状态的感知,都需要下功夫,随时关注,等哪一方出现问题后再去解决，可能就晚了。当然，这些"血泪教训"，都是我后期慢慢总结出来的。

2015年左右，是公司最风光的时候。因为聚焦爆款，重视团购，单"双11"一天就卖了16万双鞋子。公司也迅速从20多人扩增到了100多人。为此，我陆续设置了很多福利机制，如奖金、下午茶、补贴等。当年的年会也选择在成都一家知名会场举办，大家抽奖、表演，玩得不亦乐乎。

如同股票有涨有跌，且大幅的下跌往往会出现在涨势高峰之后——阿么和我，都迎来了下坡路。

我并没有在2015年那段风光无限的时间里徜徉太久。人啊，有了一点儿成绩后很容易骄傲自满。没错，我开始飘了，并激进地去扩张自己的商业版图。

不满足于依附电商商城的线上业务，我走上了许多创业者的"必死之路"：开发App。

为什么说是必死之路呢？这里可以给想做App的创业者们简单地介绍一下。首先开发App前期需要巨额的资金投入。这里我用了"巨额"来形容,具体数字可能近些年会有些变化,我不懂行,也就不乱说了,不过对当年事业如日中天的我来说,的确是一笔巨额资金。假如你本身就是技术人员,这个资金投入量大概可以打个对折。其次就是后续运营。管理后台的技术人员薪资都很高,包括维护、开发界面、版面设计……每一步都要花钱,而做出来的效果可能并不能如你所愿。界面卡顿、操作不清晰,那都只能算是小事。宣传推广才是砸重金的地方。人们已经习惯在线上商城下单,习惯又怎么会轻易改变呢?只能继续花钱砸广告,最终的结果就是花大钱办小事,顾客留不住,App后续运营困难,每日滚动的开销之大几乎要将我拖死。

很多之前线上电商做得好的品牌,在销售下滑后,第一步就是裁撤App部门,这在侧面也能说明一些问题。我更建议用其他渠道替代,包括公众号、小程序,也有App的对应功能,相对来说开销少了很多。

我第二个比较激进的策略,就是经营线下实体店。

第二章 翻身思维,在绝望中拉了我一把

在此之前,我几乎从未完整地参与过实体店的运营。当时实体经济已经在走下坡路,我单纯地想在线下有个显眼的店面,能直面客户,以便更快捷地获取一手信息,也可以在当地打出知名度。于是我采取了"广撒网,勤捞鱼"的策略,一口气开了好几家店铺。现在想想,当时胆子是真大。

即使知道实体店在渐渐没落,我仍一意孤行地开了店,却没想打脸来得如此之快,店铺仅维持了两年左右的时间便陆续倒闭了。几家店铺中肯定有生意好的,但也无法填补生意差的店铺的亏空,当初的投资几乎血本无归。

两套错误决策的组合拳下来,我之前攒下的家底几乎被掏空。当时的我只有一个念头:在电商行业摸爬滚打这么多年,我还能让这等小问题将我打倒吗?我迫切地想要翻身,而事实证明,越急迫,越要谨慎思考后再做决定。

我又一次激进地陷入了自证陷阱,根本不顾及他人的建议;我只想用自己的判断证明我仍是那个被开了金手指的"天命人",证明我的决定和选择才是对的,凭之前的

经验足够带领品牌翻身。

  2019年，我带着所有资金回归到我擅长的电商领域，打算重整旗鼓，事情看似有了转机，但并不大。2020年，我转变经营方式，开始采取创立多个品牌，重视品牌上新率的特卖打法。此举背后的考量就是常被商人挂在嘴边的那句话——不要把鸡蛋都放在同一个篮子里。多条路，难保不会多一个储备。

  当时有一个做女鞋的同行依靠扩品牌、扩品类，生意规模做得很大，短短一年内流水能达到上亿甚至数十亿元。他原本只是做女鞋，后来涉及女士内衣、女装等品类。我觉得这的确是个发展方向，便开始照抄他的模式。婚鞋火了，我注册了个品牌叫"盗梦空间"，专门卖婚鞋；老人鞋火了，我也做了个品牌叫"康博士"，专攻老年人群体。

  事实证明，这几个品牌经营得都还不错，垂直领域商品的受众都很固定，增长的势头都还算稳定。

  在整个过程中，平台的运营小二也在推波助澜，我的品类陆续壮大，随之带来了更好的业绩。于是或主动，或被动，我走上了多品牌囤库存的道路。

最多时，我手下有9个鞋子品牌，一部分是我自己的品牌，更多的是我谈下来的代理。每个品牌每周都会推出新款，9个品牌的产品定位、风格各不相同，每个品牌都有自己的营销方式。这就需要我大量进行选品、上架、沟通渠道、兼顾售后。公司仍旧走薄利多销的路子，这是我的初心，不会轻易改变。

可如此一来，那颗威力巨大的"隐雷"也在海浪的拍打下渐渐浮出水面，即将被引爆。

品牌多，又要及时上新，意味着每个品牌都需要囤货。举个例子，一款鞋有3个颜色，一个颜色有6个尺码，每个季度有2000多个款式，每个款式都要备现货。可以想象一下，这将是多么大的备货量。

到了2020年年底，为了资金能迅速流动起来，我寻求多方贷款。怎奈2020年前后，由于众所周知的原因，人们购买力下降，原本一天能卖出几百上千双的鞋子，那时仅能卖出几十双。日销售额下降到几千块,销售总量也直接腰斩。那段时间我每日守在电脑前,看着让我心如死灰的数字。

这个时期整个经济大环境都在缩水,跟我合作的厂商效益也不好,行业内因此调整了合作模式。按之前的结算方式,假如我跟他们订了100万的鞋子,到货后我只用付40%,再定100万的鞋子,到货后付160万的40%。但后来厂商为了尽快收钱都调整为月结,对我这种有负债的创业者来说更增加了资金运转的难度。

其间还发生了一件事。在我为贷款发愁的时候,之前的合作商催我去厂里看新品。我心知肚明的是,我之前订了批货,在他那儿算个大单子,他怕我不收,那他会有损失,很可能他手下的员工也会因为我停收这批货而发不出来钱,于是变相劝我去选品。

当时的我还是存有一丝侥幸心理,觉得货多货少都是照样卖,于是一咬牙一狠心,又贷了1000多万把货收了下来。

第二章 翻身思维，在绝望中拉了我一把

"嘭"的一声，雷爆了，巨大的轰鸣声在我的脑海中久久无法散去。等再回过神来时，我是一位囤有57万双鞋子和负债3300万的中年老板。

接纳、觉察与改变的能力

前文大致讲完了我由成功迈向失败的全过程。在大家对我的创业经历有了整体的了解后，我们再慢慢来聊一聊促使我成功的思维逻辑是什么，在品牌走下坡路时这种逻辑又为何不管用了。

失败的代价固然惨痛，好在我如今都熬了过来，后续各种解决决策和逻辑，我后面会慢慢讲给各位读者听。

此刻想分享的，是我创业前期成功时的心理变化和一些方法论。比如，我之前强调过的翻身思维，可以说这个思维模式主导着我创业的前半程，带领阿么走向了短暂的辉煌。

提前说明一点：翻身思维和躺平思维是一个人的一体

两面，不是说你拥有其中一种思维逻辑后就能一路畅通，需要落实在具体的事务和做事态度上，这是一个需要终身成长的过程。

不经一事，不长一智。智慧是从人与事之中磨炼出来的，若逃避现实，离开人与事，便无从产生智慧。

同时不要怕躺平思维带来的负面影响，每一次思维上的觉醒和改变都是极难的事情，我们能做的是从其中汲取营养，不被当前的困难打退，为今后的转变做储备。

具体的做法，我总结下来是以下四点：接纳自我、觉察环境、不怕改变、保持善意。

一、接纳自我

接纳自我，从字面意义上比较好理解，但做起来并不容易。人们对自我的认知很难特别清晰，经常是认知偏高或偏低，自大与自卑来回切换。如何清晰地认知自我是一门课程。

自我也分"大我"和"小我"。"大我"指的是我

第二章 翻身思维，在绝望中拉了我一把

们经常向外人展示的部分，包括性格、处事准则、交往逻辑，这些外人能轻易从你身上获取的信息。比如，性格的外向与内向，对人的亲近或疏离，与人交往时是点到为止还是深入交流发展，等等。

这些"大我"中可能会有粉饰的成分。为了达到某种目的对能力进行补充说明，只要不过分吹嘘，夸大地去许下无法达成的诺言，在我看来都是可以理解的。

"小我"的组成部分较为复杂，它是一个人的内核，代表着最核心的三观，即真实的你自己——可以是野心勃勃，可以是岁月静好，可以是为达目的不择手段，也可以是善待世间万物保持初心。

人会下意识地拒绝"负面"的自我，听不得别人对自己的批评，自我纠错能力常常失效，但"小我"的重要性恰恰在于它的复杂性。它不可能是一味的好。人生在世一定会因为外界的灯红酒绿、纸醉金迷而产生欲望，而欲望往往会带来行动上的改变。这并不是可怕的东西，人世间真正无欲无求的人恐怕极少。

"小我"好似一个"闸口",起到一个收放的作用,在"大我"松动的时候适当给予压力,及时对"大我"的举动进行纠错,不至于在关键时刻行差踏错。

2014年,我看到一篇名为"最好的医生是自己"的文章,写得很好。从表面来看文章讲的是如何通过健康管理重新认识自己的身体,但后面讲到的关于心理认知方面的内容对我影响更大。接纳自我是每个人首先要做的事情,而我认为,最重要的是接纳"小我"。

我从贫困山区走出来,想赚钱,想给家人好的生活,想闯出一番事业,那我的"小我"即野心。我几乎是立刻拥抱了这个"小我",在之后多年的创业过程中,我也时刻带着"小我"在前进。

创业初期我最常听的歌,是张杰、谢帝的一首带有四川方言的《闹啥子嘛闹》,歌曲意在反驳当下很多媒体对艺人言行的肆意曲解。我本是四川人,歌词中的四川方言让我感到很亲切,那句"闹啥子嘛闹"在我听来有点视野明朗的感觉。在此后很长一段时间里,它变成我在面对困境时的一个情绪：没什么大不了，闹啥子嘛闹。

所以当你对生活感到迷茫，对现有的环境无力时，不妨先问问内心的"小我"，真正渴求的是什么，这份渴求的迫切程度到底有多高，并将这份渴求尽可能细分。

举个具体的例子，站在普通人的角度，这份渴求可能是一套能遮风挡雨的住房，住房背后的逻辑是首付和还贷，那么就可以先拆成几个动作来规划。

对于这个诉求，最核心的还是金钱与情绪，我甚至认为情绪应该摆在金钱之前。如果买一套住房背上贷款只能让你感觉焦虑和暴躁，那我建议你尽快提升抗风险的能力，对金钱进行规划和管理，开展副业、提升业绩、接受新的事物、打开新的赚钱渠道，再去考虑如何合理购买住房。

二、觉察环境

翻身思维第二点，我认为是觉察环境，时刻警惕周遭环境的变化。近几年经济下滑，我相信每个人都有感知。

个人无法抵抗大环境的更迭，普通人能做的就是觉察后觉醒，找到自己的道路。

同时，环境变动会对个人心境产生影响，所以第一点中自我认知和接纳尤为重要。

觉察能力就像灯塔，是创业路上引领道路的关键。可以不敏锐，但要对所在的行业保持警觉，要随时接纳新事物，故步自封是没有未来的。

我建议每个人都去读一下行业头部人员写的自传，还有他们推荐过的书籍，通过文字能短暂共情一个人当时的状态。他所面临的困境自己是否有类似的经历？他的解决方案是否能适用于我如今的难题？如果可以，就直接借鉴放手开干；如果不行，是否也能通过他解决问题的方式方法悟出一些其他的道理？哪怕多学了一个新概念也好，这很大可能会在日后事业停滞时产生有利影响。

2015年，我曾看到过这样一个案例，对我影响颇深。彼时，有个叫作"百米出租车"的品牌，是做网约车业务的，不到两年被行业内另一个新兴品牌滴滴打败了，最终

第二章 翻身思维，在绝望中拉了我一把

创业失败，导致关停。后来，百米出租车的品牌总监孙志刚先生总结了失败教训，对我来说很受用，这里加上我自己个人的一些理解和衍生出的思考，分享给大家。

首先，对行业信息的觉察，要讲究方式方法。初创公司必须讲究事情的轻重缓急，将大量的人力、物力资源投入到非核心领域中或可以被替代的产品中，走向消亡将是必然的。

创业路上当然会有很多坑和磕绊，犯错在所难免，重要的是及时发现自己的错误，并能够保留爬起来的体力。

我在创立阿么的前期也做过错误的决定，如开发新的销售模式、搞社群活动等。庆幸的是这些错误的"试水"仅占据产业中很小的一部分，我的主营业务并没有受到影响，所以我可以在砍掉多余业务后，又实现新一轮的增长。

其次，要未雨绸缪，不要小看你的对手。现在网络信息发达，每个公司的经营情况几乎都能查到，蛋糕就这么大，既要知己也要知彼。当然，对手不会傻到将所有商业

信息都公之于众，这里就需要你对获取的信息有所判断。

最后，不要拒绝在顺境中的帮扶。很多创业者会陷入这样一个误区，认为此刻事业版图的上升趋势已经非常稳定，从而对有意愿的投资者产生排斥。但从我的经验来看，上升趋势想要维持下去，后续资金的储备尤为重要。环境的更迭谁都无法预测，意外会随时降临，所以不防将其看作一个应对机制，有选择性地与投资人联结，未来也会多一层保障。

企业不缺钱的时候才是最好融资的时候，等到缺钱了再去找钱，就会如经营阿么的后期一样，陷入深不见底的贷款旋涡。

三、不怕改变

关于翻身思维的第三点，我想聊聊改变。这是一个结果导向的思维，如果以上两点——接纳自我与觉察环境都能做到的话，那么改变其实是顺理成章的事情。

很多创业者惧怕改变，我也一样。改变意味着未知，

第二章 翻身思维，在绝望中拉了我一把

而当你现有的商业版图非常清晰和稳定的时候，改变无异于一场赌博。但还是那句话，"今日人不可知明日事"，不惧怕改变是每位创业者应该具备的素养。马云曾说"拥抱变化"，也是这个道理。

阿么有几个上升的关键时期，都与改变密切相关。从女装换品到女鞋，再到更换合作模式，选择手工女鞋厂商谋求一手货源，这些有益的改变都直接促进了阿么的快速成长。

变则通，不变则终。与改变相辅相成的，还有应对突变的能力。具体的应对模式，我在第三章会讲到。如何在堆积成山的债务中有侧重地减缓压力？如何寻求突破的关键？我会结合自己的亲身经历一一分享给大家。

总结下来，翻身思维的根基是接纳自我，在觉察环境获得领悟后，做出相应的改变。如此一套动作下来，你会发现，在一定程度上，自己正越来越接近心中真实的渴望。

四、保持善意

前文说了这么多对于翻身思维的理解,最后我想聊聊主导我的另一个思维。某种意义上,它在我最困苦的时刻起到了决定性的作用,那就是始终保持善意。

"善意"是个很美好的词,正因为满怀善意,我才能一步步从混沌的泥沼中爬出来,抖落一身的泥土,重新出发。你在不经意间播撒善意,在此后某些不经意的时刻,善意或许会拯救你。

从阿么创立之初我就有做公益的习惯,连续很多年,一直在往藏族聚居区送物资,给孩子们送一些棉鞋、课本、文具。

2013年,雅安市芦山县地震,我跟团队人员到灾区慰问。眼前的破壁残垣和在路边等待救援的孩童的眼神,是我一辈子忘不掉的景象。

走在芦山的路上,我遇到一位奶奶,旁边是他的孙子。当我送上物资的时候,这位年纪与我奶奶一般大的老人,突然扑通一声跪了下来,跟我道谢。

我内心受到了极大的震撼,这让我如何担当得起呢?后来坚持做公益成了我的初心。

此外,在生活中,我也坚持为在一线奋斗的劳动者发声。2015年,我以阿么品牌的名义投资拍摄了一部微电影,通过最直观的影像去传递温暖人心的主题。影片的画外音这样说道:

等待总是漫长

希望终究会来临

拥挤总是难受

身心终究会轻松

疲惫总是煎熬

我们终究会坚持

即使劳累

她一直支撑着我

即使孤单

她一直陪伴着我

她不耍大牌

　　她不丢体面

　　她是阿么

　　这部微电影让我想起了创业初期的很多时刻。刚刚毕业的我，带着一身初生牛犊不怕虎的稚气开始创业。每天6点起床，晚上7点回家，站在拥挤的公交车上，在无数陌生人的缝隙间使劲儿呼吸到一丝空气，见过深夜的星空，也见过早晨4点多的太阳。

　　每年生日和阿么的周年庆，我都会在朋友圈写下感恩的话语：感谢每一位员工伙伴，感谢每一位合作伙伴，感谢亲人，感谢自己。很多人会在评论区留下相似的鼓励话语。我从未想要通过只言片语去索取什么，但点点滴滴的善意积水成潭，化作辛勤赶路时偶然从口袋里掉落的甜蜜糖果。

　　传递善意很简单，难的是保持始终如一的初心。不计得失，不求回报，我相信动人的品格最终会触动每个人的真心，化作一份份精致的礼物，铺满走过的路。

💡 互动问题

1.你现在面临的最大困境是什么？

2.在以上的翻身思维中，你能做到的有哪些？做不到的又有哪些？

3.说出一件你一直在坚持做却没有回报的事情，用翻身思维分析这件事背后的逻辑，你从中得到了什么？

第三章 "真还传"正式开始,行动自会证明一切

抱着平常心向上攀登

时间来到2021年8月26日这一天,我通过直播开启了自己的翻身之路。在这一过程中,我做了哪些事?踩过哪些坑?又获得了哪些感悟?

首先想分享一下我还债的过程。

要债电话和短信无孔不入地遍布于我生活的各个角落，身边的亲人、朋友都收到了催债短信，其中当然也包括我的父母。他们看到消息后马上给我打来了电话，哭着说要帮我还钱，两个人想把全部的积蓄拿出来让我还债。我也哭了，我怎么可能要他们的钱，他们做了一辈子安分守己的农民，我怎么可能忍心让他们的晚年因为儿女的错误变得一贫如洗。

不过也是因为父母的这通电话，加上他们的支持，我更加坚定了努力还债的决心。我相信自己一定可以翻身，这是我对他们，也是对自己的承诺。

一开始，我想向亲戚们借钱，但老家的亲戚都是农民，一辈子攒不下什么钱，我哪好意思开这个口。于是我转而向一个朋友借钱，他没有借给我，我很能理解，毕竟我当时的状态的确有些不靠谱。特殊时期大家都很难，将心比心我也能体谅他的担忧。后来他将我借钱的事情告诉了我的供应商，可能是想让供应商多支持我一下，但是这间接导致我和供应商后续合作时的一些困扰，不过我心态

第三章　"真还传"正式开始，行动自会证明一切

很好，那就见招拆招吧。

有一次，月底要给供应商付款，我确实拿不出钱，对方也等着我这笔钱给工厂的工人发工资，工人们也有一大家子要糊口。但新的一笔贷款还没有批下来，我因为不想失去信用，所以不得不向另一个朋友黄哥借钱。黄哥的生意做得不错，我与他相识多年，他很明白我的为人。我小心翼翼地跟黄哥提起借钱的事，结果他二话没说，当下要借我300万元。那一刻，我的心情无法用言语表达，简直激动得要飙出泪来，除了激动以外，更多的是感恩，自己何德何能，结交下如此讲义气的朋友。

黄哥的钱拿到手里7天后，正好其他贷款也陆续下来，我马上将钱归还给他。他还很意外，以为这笔钱我要用很久。正是因为他足够信任我，我不想让这笔钱成为我们之间的隔阂，影响我们的关系，所以贷款一到账，我赶紧还了钱。

后来我问他，这笔钱对你来说也不是小数目，你为何毫不犹豫地借给了我？他只说了一句："因为你值

300万。"

为了还债,我开始变卖自己所有的固定资产。这里要感谢我的妻子,在我负债后选择不离不弃,一直陪着我想办法,当我说要卖房卖车的时候也没有丝毫怨言。我与她是患难夫妻,她在我最初创业一穷二白时与我在一起,这么多年一直陪在我身边。很多重大决策她不了解,却一直默默地做我的后盾,在家里辛苦带大我们的两个孩子,为我免去后顾之忧。可以说她是我人生路上的主心骨,有她在身边,我总会更安心一些。

我把能卖的房子都卖了。其中有一套房子,第一天谈好了卖170万元,我挺满意,结果第二天就被砍到了155万元。听对方的口风,大概是知道我急用钱,就压了价。那也没办法,只能卖。不过前一阵子,我偶然得知现在那套房子只能卖130多万元,感叹幸亏卖了,卖得挺值。

卖房子的时候,我有些心酸,问老婆,房子没了,你会不会伤心?没想到她说:"房子没了还可以再买,先把团队的工资发下去,把供应商的欠款还上,信誉这事儿不

第三章 "真还传"正式开始，行动自会证明一切

能丢。"

当时因为公司负债，我已经没有多余的钱给团队发工资，被迫停了中高层3个月的工资，那些普通员工的工资还按时发，但已逼近发不出来的临界点。被迫变卖固定资产，不过是想赶紧发一笔钱，让团队伙伴们能缓解一下压力。

那时我每天的固定工作就是跑银行。为了能让公司活下来，我只能继续贷款，年化利率超过10%的贷款我也能接受。利率这么高，还贷压力很大，但我没办法，只能贷。上午跑几家，下午接着跑。很多银行看一眼背景调查就直接拒绝了，我因此遭受了不少冷眼。

大到四大行，小到泸州银行、成都银行，包括各大网贷平台，我从头到尾、里里外外地借了一个遍。最后难到什么程度呢？除去银行10多个点的利率，还要给手续费，170万元的贷款需要给中间方打34000元的手续费。

有个银行的经理看我有那么多存货，当场决定贷我500万元，前期沟通时也一直说没问题，我激动地想公司

总算有救了。后续我们一直保持联系，直到某天他突然不回我消息了，我推测可能是他查到了我的征信，了解到了公司的负债情况。大概过了一个多月，我求着问了好几遍，他一句"不满足政策"让贷款一事不了了之。

通过复盘还债过程，我想给读者朋友们做个总结。

如果你出现了债务危机，能线上解决，一定要线上解决，除了自己的亲人，你的一切行为，外界都会传播出去，有影响信誉的风险。如果贷款，要控制好利率，尤其是以个人身份借款的时候，不要学我去借利率过高的网贷。在我看来，利率超过6%都算高的。希望我踩过的这些坑能给大家带来一些启发。

其间我也尝试过其他的销货模式，不是毫无作用，就是被骗。我仓库里囤着57万双鞋子，有收货人找到我，想用1~2折的价格把我所有的鞋都收下。一开始我觉得能回流点资金也不错。但我的鞋是质量上乘的手工女鞋，每一双鞋背后都是女鞋匠人们的辛苦，仔细思考后，我还是不忍心把鞋贱卖，随即拒绝了。

第三章 "真还传"正式开始,行动自会证明一切

在这个过程中,我入驻了一个新兴的销售平台——小春社。对方主动跟我寻求合作,我当时正迫切地寻找销售渠道,没多想就加入了。没想到销量还不错,前后卖了160万元的货。但是平台在付了我6万元头款后就倒闭了,联系了很多次,至今仍有154万元欠款无处追讨。我本就艰难的事业,再次雪上加霜。

我逐渐意识到不能选择小平台进行销售,这会让我陷入非常被动的境地,小平台的规则难懂、易变,如果再选择小平台,很容易重蹈覆辙。

那就不妨把困难看作成长的阶梯,做一个积极向上的攀登者。我相信通过自己的努力能够发现新的模式,来打赢这场翻身之仗。

之后,一位在电商行业打拼多年的朋友给了我两个建议:做跨境电商和抖音直播电商。

坦白地说,我之前也尝试过抖音直播,但当时完全没重视起来。我在翻身思维"觉察环境"那一板块讲过,初创公司必须讲究事情的轻重缓急,不能将核心资源投入非

核心领域中。我眼看前3次直播收益都不好，就索性砍掉了直播业务，最终以亏损300多万元收场。

所以在我持续不间断地直播前，我首先尝试的是跨境电商。为此，我还特意雇了两个会英文的带货主播，月薪资过万，但效果出乎意料地差。海外女性的脚偏大，而我卖的鞋码最大到40，很多外国人穿不下。而且，有些外国人会有一些奇奇怪怪的癖好，经常只看不买，一场直播30多万人在看，不停地让主播换鞋，给他们展示，最后却只有几单的销量，加起来只有几百块的营业额。

总结下来，跨境电商在亚马逊、速卖通、独立站、TikTok等平台做起来的效率太低，而且投入非常大，针对不同条件的客户群体，得重新准备匹配的产品，简直相当于要重新创业，根本不能解决我仓库里那57万双鞋子。

于是抖音直播这条路又回到了我的视线。多方面取舍评估下，我认为国内直播电商是我能走的最后一条道路。

我将这次机会看作天鹅临死前的最后一次哀鸣。成与不成，且看造化了。

第三章　"真还传"正式开始，行动自会证明一切

能坚定地选择抖音直播这条路，也有来自同行，也是我四川老乡陈摸鱼的激励。我对陈摸鱼的感激，在我之后每次分享创业故事时都会聊到。当时他经营的"陈摸鱼手工女鞋"就在抖音直播间卖，十几万粉丝，每天都有几千人在线。他的案例更加提振了我的信心，我想既然他能做起来，我也能做起来。

2021年8月，我开始了一天未间断的连续直播之路，为中年断档的生活谋求一个出口。

人生如潮汐，有涨潮也有退潮。钱塘江边有一群赶潮人。每当潮水高涨时，他们会义无反顾地冲向水中。潮水肆虐，危险却也带着生机。赶潮人通常是手持网兜，从浪翻出的白线开始，追着浪潮向岸上跑去。过程中需要极高的速度和极佳的体力，有时人需要在水中跟随浪潮跑上1000米远。

"风浪越大，鱼越贵。"水里的鱼，会随着浪的翻腾被卷到水面上来，赶潮人便快速收紧网兜。他们用生命换来的，是一家人的生计来源。

时代的浪潮下，我是那个"赶潮"的人。

曾有很多朋友问我，很多创业者在知道自己背负高额债务，甚至债务还在不断翻高时，往往会被击垮，根本没有心力再去想出路，多数人会选择赶快与现阶段的债务切割，如何明哲保身才是最重要的，那你当时为何还会想着翻身呢？心态是怎样的？

在欠债的至暗时刻，我经历过很多普通人难以想象的困境。当催债电话一刻不停地，不只打给你，还打给你身边的亲朋好友时，你会有一种难以忍受的羞愧感。我的自尊心在对方不断的催促下荡然无存，所有人都对我很失望，极少部分人会想要问问我真实的困境，大多数人不过是微微一笑，说一句"我早料到了"这种不痛不痒的话。

我始终相信我会翻盘成功，只是在成功之前已不容许我再做任何错误的决定，但我有这份自信。永远不要忽视相信的力量，当精神力出现一个锚点，连接起来路的心酸和对未来的渴望，那就不妨自信地迈开脚步，答案自在其中。

第三章 "真还传"正式开始，行动自会证明一切

当你确定了一个精神锚点之后，需要回归平常心。把之后的每一天暂且当作没有负债的日子来过，成功时是如何思考的，失败时就如何思考。日子不会因为错误和困境停滞。如果一下子还清3300万是件难以完成的事，那么还1万呢？还10万呢？是不是会简单得多？

创业者会记得自己什么时候赚到第一个100万的吗？不一定。但一定会记得赚到第一个1万块的时刻，那代表着一个美妙的开端。之后创业路上的种种难处都会因为这个时刻而变得淡然。只要你还在前进，哪怕只是很小很小的一步，都会离你自己的初心更近一些。

只是以平常心去对待逆境肯定是不够的，也要做一个攀登者。如果平常心让你变得坚韧，那攀登者的行为逻辑会带你向上求索。我们最终的目的是解决困难，解决困难就一定需要方式方法，既然我们对未来有着很高的期待，就要相信可以通过自己的努力来实现这个目标。

一天不间断的抖音直播是我向上攀登的工具，只要利用好这个工具，我就有自信会触达我想要的未来。

普通人面对逆境，只想躺平怎么办

或许有读者看到这里会问，你说的这些都是创业者的相关逻辑，普通人没有你这样的背景，也难有这样的经历，那面对逆境时该如何做呢？

的确，我在写作的时候也会反思自己的观念对于普通人来说是否有用，所以接下来我将分享一个我身边人的案例，告诉普通人在面对逆境时，该如何拥有翻身思维，做一个攀登者，逐步走出低谷，拥有更好的未来。

主人公是我的一位亲戚，为保护个人隐私，我们称他为小李。小李是个90后，在成都当地有比较稳定的工作，每月净收入近1万块钱，有个相恋多年的女友，准备进入婚姻殿堂，过上一屋两人、三餐四季的幸福生活。

事情的变化源于婚前的那套房产。当时小李父亲的生意出了点问题，手里可用的资金不多，还有一些外债没有收回来，无法给他提供经济上的支持。但他很乐观，觉得父亲的生意会好起来，自己收入也不低，于是决定自己贷款买房、装修，每个月还款数额有几千块，这个压力他也能承受。

在这之前，小李因为一些生活上的急事曾借过网贷，利息比正常贷款高一些，数额也不大，只有几万块。怎料不久之后，这个小小网贷成了他生活中的"隐雷"。

买房、装修都需贷款，他一共贷了近40万，再加上之前网贷的利息，还款一下子变得吃力起来。他算了一笔账，每月的收入甚至都不够还各项贷款的。于是他选择在另一家银行继续贷款，去还上一家银行的钱。

如此做的原因，一是想减轻自己的负担，二是不至于逾期影响自己的征信。每家银行根据贷款的不同数额，也会有不同的利息。起初那段时间，他的确感觉到压力在变小，即使每个月需要还款，但金额都在他可承受的范围之内。可他也知道其中的问题，在不同银行的贷款只是不断叠加他的债务，他没有从根本上解决问题，只能眼睁睁看着信用卡越还越多，自己却无能为力。

等他缓过神时，他已经陆续在12家银行贷款，金额也从一开始的40多万，翻了近乎一倍，增加到75万。病急乱投医，小李找到了贷款中介。他迫切需要一笔钱堵上窟窿，而贷款中介给他的方案是抵押房产，没有多加思考，小李听从了贷款中介的建议。可真正打款的时候，他发现贷款中介以各种理由收取高额的手续费，真正到他手里的钱，还不够还清他全部的债务。

这时，小李也已步入人生的下一阶段，恋人成了妻子，还生了一个可爱的孩子。孩子降生的喜悦并没有让小李开心太久。新生儿处处都需要用钱，每一个阶段成长的背后都是很大的开销，自己未欠债时都未必能负担得起，更何况是这种局面？

被债务逐步击垮的小李，做了一个十分不理智的决定，他再次转投了网贷，而且接受了高额的利息，贷到了一笔数目不小的金额。"利滚利"，在不同语境里有着不同的解释：在生意好的商人那里，代表着财富与希望；但在债台高筑的人眼里，是有了今天没明天的永无止境的暗黑时刻。

第三章 "真还传"正式开始，行动自会证明一切

短短几年时间，我眼睁睁看着小李从意气风发变得萎靡不振。后来在一次家庭聚会上我询问他的近况，他缓缓张口，说目前的债务加起来已经高达两百多万。

生活原本美好的滤镜变得破碎时，刮向普通人的碎片似乎格外大，足以击溃一个人的意志。

好在他还有内心的锚点，他还有他的精神力，他是个顾家的人，不希望自己的失误影响到家人，尤其是孩子。

去年，小李找到我寻求意见，我与他进行了一次长谈。主要分析了一下造成他当时困境的原因，来谋求一个尽可能快速解决的办法。席间我聊到负债3300万后翻身的思维逻辑，告诉他如何找到内心的渴求并不断向上攀登，以平常心面对得失，寻找一个生活的突破口。

我劝他把房子卖掉。他现在的房子能换来一百多万的现金，可以先把目前的困难解决，让生活回到正轨。从我商人的逻辑来看，房子不保值，用来为生活换取另一种可能性不是更好？但他马上拒绝了我的提议。在他看来，这套房子是情感的联结，是家人遮风挡雨的港湾，自己的错

误不能让家人同他一起背负。

　　当天我们并没有谈论出实质的解决方案，但我能感受到他心里发生了变化，或许我的哪一句话真的触动到了他。

　　几天前，我给他打去电话。我觉得他的案例很适合作为普通人的缩影出现在书里，想寻求他的意见。言语中，他居然一反之前的低迷，整个人变得积极了很多。

　　他兴奋地告诉我自己想明白了很多事情。那次谈话后不久，他跟家里人摊牌了，他已做好接受家人批判的准备，没想到一家人都宽慰他，给予他精神层面的支持。那一瞬间，他完成了对自我的接纳，愿意展露出自己的困境，收获了爱他的家人们的理解。

　　他现在有一份稳定的工作，有支持他和爱他的家人。精神锚点更加清晰后，他得以放手大胆地去做，直面困难，做一个努力向上攀登的人。目前他会将固定收入的一部分用来还债，其余时间里也在积极发展副业，寻求可以赚钱的机会。虽然当下的情况没有特别大的改善，但他相

第三章 "真还传"正式开始，行动自会证明一切

信日子正在一天天变好，终有一天他会从债务的"苦海"里上岸。

我问他，那次聊天对你有帮助吗？他说就是很简单的一句话：平常心看待一切，寻找向上攀登的可能。正是这句话让他找到了自己的精神力量。

以往他被债务困住，最怕与家人坦白，无法面对他人对自己的失望。后来他转念一想，短短几年，不过是漫漫岁月长河中的一瞬。世人都会犯错，都会有深陷困顿无法自拔的时候，但我们不该消沉下去。放弃和躺平并不会让事情变好。把它当作一次再平常不过的磕绊，就像小时候学走路，摔倒了，哭过了，爬起来再次向前，多么简单的道理。

"逆境"不是一个可怕的词，翻过逆境的山，怎知不是平坦的康庄大道，重要的是逆境对心态造成的影响，你是否任由它去磨平你的意志，你是不是就此低头认输。

2024年巴黎奥运会上有一幕令我印象深刻的场景。男乒单打八进四的比赛中，樊振东对战日本选手张本智和。

开局张本智和气势汹汹，以2比0的比分取得了绝对优势。正当我们以为樊振东会输掉比赛的时候，他下场换掉了已经被汗水浸湿的衣服，重新穿了一件比赛服上场，依旧是波澜不惊的表情，甚至都看不出他的紧张。最终樊振东以4比3的比分惊险地赢下了这场比赛。

可能很少有人关注他换衣服的这个细节，我却认为那就是他心态转变的时刻。输了两场又怎样，就当让给对手了，换了衣服，仍以平常心对待逆境——来，让我们重新开始。

这幕场景让我感触很深。面对逆境，不要怕自己处于劣势，也不要怕失败。哪怕命运让你的对手率先得分，那又如何，只要精神不被击垮，命运终将垂青于你。

人生最有趣的，不就是一点未知、一点已知、一点自我的抉择，之后静待开花结果。

直播后，我的精神力来源

第四次，也是最后一次直播，意味着我打响的是关于阿么品牌的生死存亡之战。

每天不停的催债电话、积压的囤货、心态上的转变，都让我义无反顾地迈上这条道路。

正式直播前，我在决定是否要亲自上阵直播的过程中，经历了漫长的心理斗争。后来我把心一横：既然这次我已选择与品牌共进退，什么体面、自尊都不再重要了，我要让大家看到我的诚意，从一个主播小白开始，一步步把我失去的都拿回来。

为了能在直播时有更好的精神面貌，我开始跑步减肥。反正那时我每天都焦虑得睡不着觉，还不如出门运动。每天清晨，早餐店开门的时刻，就是我跑步的时刻。每天5千米，加上健康的饮食，前后瘦了近10千克。人瘦下来之后，思维也更加清晰。每天陪伴我跑步的背景音是各类商业书籍的音频，包括《心的重建》《终身成长》《刻意练习》等。这些书我反复听了十几遍，书中的很多观点都能够帮助我整理思路，提升信心，更加坚定自己一定能突出重围。

我当时的家底可以说"一穷二白"，我的理念是能省则省。我每天打开抖音学习别人直播间的布置。其间我也咨询过直播间装修公司，简单说了我的诉求：有质感、简约。对方想也没想开价78000元。这数字把我吓了一跳，我第一次知道原来直播间布置装修这么赚钱。我自然是拿不出这笔钱，任凭他们承诺能达到怎样的场观效果，达到多少用户留存，我还是拒绝了。

后来我开始自己琢磨怎么能让直播画面更好看。我的办公室有一面书架墙，平时放一些经营类的书籍，当我把书籍全部撤下摆上鞋的时候，我发现，这不就是一面很好的展示墙吗？于是我把办公室让出来改成了直播间，自己就到公司的休息区办公。

第三章 "真还传"正式开始，行动自会证明一切

正式直播的第一天，流水惨淡，卖出去4双鞋，总共796元。因为不懂平台的各项规则，我说了很多极限词，直播也被迫中断。第一次直播，我第一次感受到原来说话是这么累的事情，下播后，整个人都没什么力气了。不过我心里有预期，宽慰自己多播一播就好了。

15天，是我给直播间发酵时间的期限。我想试试单纯的直播，不搞那些活动，能不能做起来。结果肯定是不行的。整整15天过去，销量依然不好，连发出去的福袋也没人领，每天都是员工和朋友在帮我撑场面。那时我每天除了吃饭、睡觉、上厕所以外，其余时间都一头扎在直播间里，看数据变化，看用户反馈，一刻不停地讲话。

心力交瘁的时候，有同行在直播间里喊话："你们要是能做起来，我名字倒着写！"

当时的我很生气，不理解为何有人会在他人落魄的时候落井下石。你可以不支持，但你不能否定为了生活而不断努力奋斗的人。不过此刻我要感谢他，正是他的言论刺激到了我，越否定我，我越要活出自己的精彩。

我决定"疯"一把，与其让鞋子在仓库里不见天日，不如"买一送一"给粉丝发福利。

仓库里的手工贵价鞋很多，陆续有人提出用很低的价格收购，给我开出30元一双的价码。我也曾动过"直接卖给他们算了"的心思，怎奈实在是亏得太多了。后来我心想，把货贱卖给收货的人也是亏钱，不如我自己亏钱卖出去，也是一条出路。

"买一送一"的规则很简单：你买我一双鞋子，我就免费送一双鞋子，虽说送的鞋子是盲盒形式，不能选颜色，但送的尺码是一样的。我送的还不是便宜货，都是高品质手工女鞋，这意味着我每卖出去一双鞋子，非但不赚钱，还赔钱。

这一"疯狂"的举动引来了全体员工的反对，他们把我堵到办公室，劝我再想想，公司债台高筑的情况下，已经不能承受如此"自取灭亡"式的举动。但当时我的想法非常简单：鞋子囤在仓库里也是囤着，不如赶紧销售出去换成现钱，起码要有进账，让钱流动起来，才有生机。

第三章 "真还传"正式开始，行动自会证明一切

面对员工们的质疑，我问了3个问题。"买一送一有商家在做吗？""有更快的回款渠道吗？""如果不做买一送一，你们有更好的方案吗？"办公室里瞬间鸦雀无声。

隔天，"买一送一"机制出现在直播间。我承认，我是在赌，激进或是愚蠢，我只想破釜沉舟一次，不试试又怎么知道呢？

看着不断翻滚的营业额，我知道，我赌赢了。销量从最开始的几双增加到几十双，销售额也跟着翻番，从几百到几千，并且还在不断地增长。

不过还是出现了一点小失误。因为对平台的规则不熟悉，当我看到销售额变高时情绪比较激动，连续说了很多极限词，如"最流行""最便宜"。反复出现的极限词自然收到了来自平台的警告，扣了2分。这时我的运营人员告诉我今天先不要播了，不然明天根本没有办法开播了。

仅仅播了半个多小时，我便匆匆下播。其实我一点也不想下播，如果可以，我就想这么一直不眠不休地播下

去，播到赢回我所有的东西为止。心中那股憋了近一年的气，在此刻好像被完全释放了出来。

最终销售额落在了7703这个数字上，但我知道阿么一定不止于此，我的内心重新燃起了初创业时的那股热情。

第二天凌晨3点，我睡不着，整个人都异常兴奋，感觉浑身充满了力量，恨不得立刻冲到直播间去。希望的火苗哪怕微弱，哪怕不够温暖，我也必须守护住这份得之不易的成果。

"买一送一"机制推出后，销售额迎来了高涨。第二天销售额两万三，第三天两万二，第四天四万七，第五天十三万。持续翻高的数字告诉我，自己选择了一条正确的道路。

我也是第一次当主播，不知道该讲什么。直播到一个多月的时候，只是简单地跟直播间的粉丝唠唠家常，分享自己的创业经历，和这次为了直播瘦了10千克的故事，却意外收获了很多共鸣。

大家对我的产品不感兴趣，却对我能瘦身成功很感兴

第三章 "真还传"正式开始，行动自会证明一切

趣。我意识到这是个很好的营销点，马上建立社群，拉想瘦身的姐妹进群一起打卡瘦身，偶尔发发广告，也不强制她们买鞋，主要是想通过聊天增加用户黏性。我每天都会在群里发食谱，很多人还真的因为打卡瘦了好几斤。

直播效果终于有点突破后，我猛然意识到，那个折磨我很久的充满恐惧色彩的噩梦，正在渐渐离我远去。

坦白地说，我有点不舍，感觉生命中一个很重要的记忆被抽走了，带着我的焦虑、不安，一同被抽离了躯壳。但我没有难过，我仍是欣喜的，非常坦然地选择与噩梦挥手告别，此刻的我早已不是它能轻易撼动的弱者了。

精神力，听起来是个很形而上的词，虚无缥缈。精神力带来的不过是一种可释放的情绪，它虽无形，却会量化到之后生活的某一个时间点，让我们在面对生活的困难时，能够以一种平和的心态去处理问题。

在我的经历中，对我最重要的精神力是相信。我相信自己能翻身成功，我相信我的决定，我相信通过行动能走出困境，把逆境变顺境，回到生活的正轨中去。

或许这些话听起来很傻，但相信并不是每个人都具备这种力量。很多时候为了消解苦痛，我们会下意识地选择做一只鸵鸟，把头埋起来，或者就在原地扎营，任由困难生长到不得不去解决的地步。会晚吗？只要想去解决，一切都不晚，可是会错过很多捷径。

等到不得不去解决时，你会发现其实有些路一定要走，有些坑一定要踩，有些答案在寻找的过程中也一定会伴随着苦痛。早一步去经历，就早一步享受。

所以，到底是做一个扎营者，守株待兔，等待解决方案，还是做一个攀登者，开发出自己的道路？认知不能解决问题，行动才是良药。

今天的你没办法拯救昨天的你，但你要相信，明天醒来，又将是可以大展拳脚的一天。

互动问题

1.你此刻的逆境是什么？是如何造成的呢？

2.你认为自己的精神力是什么？

3.你相信自己能走出逆境吗？请先给出第一步的解决方案。

第四章　现金为王的时代，我想对抗命运

做独特的个体，也要做独特的生意

有关我还债的许多细节，至今都还历历在目。那是我奋力走出泥沼深深踩下的脚印，每一步都在日后对抗其他困难时清晰可见。

国庆节长假期间，父母早就约好要一家人吃团圆饭。

我还是去直播间继续直播了。一家人难得的团聚时刻，我也想好好陪伴家人，但想翻身的心不断推动着我继续播下去。当天从清晨一直播到了中午12点，中间父亲打了好几个电话过来，问我什么时候回家吃饭。在直播间人数维持在1000多人的高峰时，我选择了下播。

明明是直播间人数的高峰期，我却放弃了利益选择跟家人一起吃饭，其背后的原因有两个：第一，我已经答应了父亲回家吃饭，有承诺，必兑现，这是我的处事准则，也是阿么的企业文化；第二，百善孝为先，我愿意舍弃一些身外之物，只为与家人共享团圆时刻。

早期直播时，公司只有我一个主播，直播过程中粉丝发出的每一个质疑、每一句评论，都逃不过我的眼睛，一线的反馈绝不能漏掉。从早上6点开始，一上午五六个小时的直播里，我坚持做到一秒钟都不离开直播间，甚至为了避免去卫生间浪费时间，我穿上了成人纸尿裤。

朋友和团队伙伴听说我穿成人纸尿裤直播时都很惊讶，总会劝我："没必要做到这份儿上吧。"坦白讲，大男人穿成人纸尿裤，我也觉得不体面，可我觉得既然我选择了直播，那么过程中出现的每一条反馈都不能漏掉，万一某一条反馈就成了翻身的另一条路径呢？

直播到100天的时候，直播间才算稍稍有了起色。当天直播的销售额也很不错，一上午卖了70多万，我在手机前慷慨激昂地卖货，耳边传来的是直播间里的欢呼声。

那天很多人都发来了祝贺，乐山的刘渊贴心地为我准备了庆贺蛋糕，身边还有其他好友一起庆祝我连续直播100天，很温暖，很感动。

等喧嚣散去，我打开手机，把这一百天的心路历程记录下来：

今天是我连续直播的第100天。从8月26号开始，坚持每天4点半起床，5点出门，6点准时开播。凌晨5点的成都街头，有货车司机、环卫工人，还有早起晨练的人……我跟他们一样，在为梦想拼搏。

100天的直播中，我们收获了30万粉丝，收获了赞美和认可，同时收获了许多诚心的建议。我们明白还有很多方面需要成长，我们也一直在完善、改进，坚持把有温度的女鞋带给可爱的用户。

创业是一个不断打怪升级的过程，有时这个"怪"是创业路上不断闪现的问题，有时这个"怪"是自我内心关于得失的衡量。

世上从不缺乏成功的案例，但每个人的境遇各不相同，你如何确定其他人的成功路径一定适合你呢？一味地照搬与盲目借鉴，只会让你陷入困境。

如何审时度势，逐一评判自身优势，然后不断挖掘放大，开拓出独特的、他人无法轻易模仿的商业模式，是我这一章想重点分享的内容。

当前期直播体系雏形搭建完毕后，除了"买一送一"的独特机制外，我开始在各个方面寻求直播间的独特性，希望走出差异化的直播之路。

首先就是直播的时间点。当时很多商家都会选择在晚

第四章 现金为王的时代，我想对抗命运

7点左右的下班高峰期直播，目的是抓住下班后的闲暇，抓住客户"疲惫后想犒劳自己一下"的情绪痛点。这么做不会出错，也是很常规的做法，唯一的缺点是这个时间段各大商家都在集中直播，用户的留存度会受影响。

为此，我选择错峰，在早上6点开始直播，初期阶段会播到中午12点。我非常了解阿么的受众群体，大多是宝妈、中产、白领，年纪在20~40岁。其中宝妈和中产女性群体占很大一部分。

我出门时，常常天还未亮，家人也在熟睡。早饭偶尔会在公司附近的一个早餐铺解决。一份小笼包，一碗稀饭加辣子，对我而言就是一顿幸福的早餐。有时我也会跟早餐铺老板聊聊天。一次闲聊中，我得知早餐铺老板每天4点起床做工，并已经坚持了9年。这种坚持不懈的精神深深打动了我。

面对人生的苦难，坚持，似乎是普通人能做的唯一反抗。

因为深知品牌的用户画像，所以我能够抓准直播的时

机，与直播大部队错开时间。这在一定程度上稳定了直播间的用户留存，让销售额呈稳步上升的趋势。

由此提炼出第一点建议：精准抓取用户习惯，以此发散适合品牌的营销方案。例如，如果你的用户多是年轻人，就要注重产品营销时的丰富性和趣味性；如果你的用户是老年人，就要大力营销产品的价格和实用性，以此类推。

正当我以为"买一送一"机制无懈可击，将所有力气都倾注在直播间的时候，另一个"坑"又悄然而至，一则消息打破了原本安稳的局面。

自从直播以来，我会格外关注后台的留言，平时只要我在公司，都会自己回复用户反馈。令我印象很深刻的一件事是，一次我下播后不久，就收到了后台一则长长的私信，发私信的是一位还在上大学的小姑娘。大意是说，让我别搞"买一送一"了，她所在学校的同学都在我的直播间里买鞋，等货一到就把鞋子原价退掉，把赠送的鞋子留下，以此"薅羊毛"。

经她提醒，我心里一惊，还有这种事？为此，我赶紧去问客服工作人员，他们反馈，这样的情况频繁出现，短短一个月，公司已经被"薅"了几百双鞋。

我的脑中突然"轰"的一声巨响，之前竟从未想过会发生这种事，不过我仍愿意相信人性本善，之所以会出现这样的事情，肯定是因为机制的不完善。

其中有位男士，应该是在银行上班，他每次的地址写的都是××银行。他用类似的方法前后薅了10多双鞋子。后来，客服工作人员给他打电话，本想提醒他一下，或者试探一下能不能把鞋子要回来一些。结果他一听对方来自阿么手工女鞋，直接挂断了电话，再也没联系上。

经过这件事，团队建议我把"买一送一"的机制停掉。我冷静下来思考其中的得失，还是认为应该继续。

"买一送一"的招牌已经打了出去，此时停下，难免会让粉丝失去信任。并且现在的机制的确奏效，直播间的销量、品牌的知名度都在提升，我没有停下来的理由。

我对"买一送一"机制仍持积极的态度，问题出现了，解决就好。与其说我对机制有信心，不如说我对鞋的质量有信心。前期"薅羊毛"导致近50万元的损失，我就当营销费用了，失去了便不再纠结。

不过我意识到，直播间想要良性发展，这个机制的规则必须改变。与团队伙伴商量后，我们最终决定延发赠品鞋，用户确认收货后，再将赠品鞋发出。即使这样会增加运费成本，也比"薅羊毛"的损失要少。

该措施实施后，需要我在直播间里不断地进行说明，麻烦我倒不怕，但少了"羊毛党"之后，直播间的销量也落了下来。销售额从几十万断崖式地下降到两三万，我的心情也跟着跌落谷底，失眠、焦虑再一次找上门来，每天觉得没希望，带着负债的绝望硬着头皮直播。恐惧是非常恼人的情绪，就当你以为自己可以完全战胜恐惧，拥有生的希望时，恐惧还是会时不时过来敲醒你，提醒着你一切还未结束，痛苦并没有远离。恐惧席卷而来，如影随形，而我在恐惧的泥沼中挣扎不得，不断向下沉沦。

正当我一筹莫展之际，我的一位好朋友找我聊天。他

第四章 现金为王的时代，我想对抗命运

说你们现在已经有了一定的粉丝基础，之前你做的是与粉丝在一起，现在要做的是与产品在一起。

这句话瞬间让我醍醐灌顶。没错，与粉丝的联结我做得还不错——主动建立社群跟大家聊天倾听意见，后台的私信我也实时跟进，及时反馈。但对于产品，我的确陷入了"清货"的躺平思维，总认为及时清掉眼前的囤货是最重要的，而忽略了对产品更新换代的知觉。我不该局限于当下的货品，而放弃打出品牌的大好时机。

于是，为了带领阿么进一步前进，与其他品牌打出差异化，并做出自己的特色，我开始将粉丝的意见与产品的更新结合在一起。

当时我们有一款卖得很好的长筒靴，款式很美，穿着也舒服，非常适合小个子女孩，显得腿修长有型。这款鞋销量不错，我也是信心满满，按理说这款鞋的退货率不会太高。可到后面，关于这款鞋仍有吐槽评论出现。

那段时间公屏中也有人反复提及这款鞋的问题，不断翻滚的评论刺痛着我的心。每一个来自用户的真实想法

我都会给予重视，由于每天的评论实在太多了，我不得不更加重视这款鞋存在的问题。经仔细了解后发现，这款鞋筒围最大只能展开到36厘米，一些小腿略粗的女生很难穿上，或者穿上也有点紧，行动受限。

当时我们灵光一闪：那不如就在筒口加上松紧带，既能在外观上保留一定的设计感，也能很好地解决筒围小的问题——加上松紧带后，筒围可以扩大到43厘米。不只是这一款鞋，我还陆续推出了好几款带松紧带的鞋。果然，调整后上线的鞋在直播预售的时候从两三万的销售额冲到了三十多万，第二天直播过程中又卖了57万。

鞋子一下子成了爆品，连带着成都女鞋市场的松紧带都被买光了。松紧带各地热销，成都的抢光了后，很多人去广州买，没想到广州的竟然也卖光了，最后温州的同样卖光了。

也是这个爆品，让直播间的销售有所回暖，我当然要顺着这个势头向前再迈一步。曾有个粉丝建议我出一款带钻的高跟鞋，与团队商讨后大家一致认为此想法不错。我

3天之内就让工厂打了版,用最短的时间将样鞋上架,最终取得了不错的销量。我也主动联系了那个提出建议的粉丝,并送了她一双鞋子。

我也曾推出过一款秋冬季的羊羔毛靴子,版型正,冬天穿起来也很暖和。我预想肯定又是个爆款,但退货率出乎意料地高。我赶紧联系了退货的用户,很多人跟我反映,鞋的质量没问题,就是羊羔毛太厚,穿起来显得臃肿。

原来,女性在冬天选择一般保暖鞋子的首要前提依然是美观,天气再冷的话,大家就直接穿雪地靴了。羊羔毛的皮靴没有雪地靴保暖,也没有通常的皮靴显瘦,在日常穿搭中如同鸡肋。于是我马上跟团队一起动脑整改,把羊羔毛内衬去掉,改为送羊羔毛鞋垫。这样既能保证版型显瘦,也能保证暖和。没想到这么一个小小的修改,使该产品销量翻番,连店铺评分都跟着大幅提升。

如何打出差异化,让你的产品在众多产品中脱颖而出?很多人会陷入"只做别人没做过的"误区。但现在的社会获取信息如此方便快捷，未开发的领域实在太少，在这样的环境下不是没有发展新领域的可能，只不过需要极大的勇气和巨额资金储备做支持。

但如果，我们将这个"差异化"细分一下呢？细化到每一次举措中的每一个细小的节点上，是不是就能收获一个全新的模式呢？比如，对于滴滴司机来说，评分影响着派单频率，而顾客好评直接影响着评分。那是不是可以在车内进行装饰，放上香氛，在顾客上下车时多一句暖心的话语？这些细微处的改变，将会产生蝴蝶效应，一环扣一环，作用到最后的结果中去，决定了你的收益。

此刻，我们能做的就是回头看看自己有什么，并思考如何将自己所有的优势发挥到极致。

我相信每个人都是独特的，每个人看待问题的视角也都是唯一的。独特的生意有时需要一定的"危机感"，来平衡你被世人规训出的"普遍性"。那些曾被人嗤之以鼻的"怪异"与"疯狂"，也会保护你，甚至会托举你，让你成为独一无二的耀眼的存在。

第四章　现金为王的时代，我想对抗命运

现金为王的时代，库存就是生命

我经常去外地进行商业演讲，一开始的确是因为太穷了，靠演讲也能赚点钱，为此我就保持着一边直播一边跑外地的工作节奏。比如，2021年9月份，我接到一个去西藏分享电商生态的商单，5000块钱的酬劳还包机票、酒店，但我又不想停播，怎么办呢？为此我单独拿了一个箱子装上我直播间要讲解的鞋子，在入住的酒店里直播。结果因为高原缺氧，播了不到一个小时，我觉得呼吸十分困难，赶紧下播了。

后来，直播间慢慢有了起色，"负债翻身"成了我的标签，陆续也会有团队请我去做演讲，让我讲讲这些年的经历。每次分享时，很多人都会有相同的疑问："能支持你翻身成功的核心是什么呢？"

前两章我说了很多精神和心态上的转变，接纳自我、重拾自信、保持逆境中的翻身思维等，而下面我想聊点更具体的东西。

根据我的个人经验来说，此次能够成功翻身的核心是我仓库中的囤货，可以说库存就是生命。

并不是说有库存只管卖货就能翻身成功，其背后依旧有很多需要考量的点，库存不过是我借力发挥的资本。销库存的过程中，我的心态已然发生了变化。曾让我陷入负债、苦恼不已的囤货，最后竟成了我突围的重要工具，真是时也命也。

就像种花，细心照料的花朵可能在一夜之间死去，疏忽掉的杂草反而长势盎然。杂草虽然令人头疼，但如果我们换个视角，这何尝不是一种生命力的体现呢？

既然做不成绚丽的花朵，做可以持续生长的杂草也挺好。

我为何不惜"买一送一"亏钱也要做清仓？很多时候我认为做实业的人只有两种死法：缺货缺死、压货压死。在我看来，其实缺货这种情况还好，依旧有回旋的余地，实在不行可以提高成本去收货，最后哪怕没的赚，也不会亏太多。

压货，则是最难办的一种情况。直到现在，我依旧在不断地为清货做铺垫，哪怕亏钱，我也要努力把所有货都卖掉。囤货不只是机遇，也是风险，积压得越多，风险就越大。现在是2025年，我必须要做的一件事，就是把2024年的库存全部清掉。背后的原因就是为了保证现金流，把钱真真切切地攥在手里。只有这样才能及时调整经营方式，让钱发挥出真正的价值，创造更大的盈余。

这也是为何我会在第一时间选择卖掉资产，不惜成为被执行人仍坚持保住诚信，因为我和家人都相信我可以东山再起。一时的窘困不可怕，对未来投资才是更长远的打算。现在我爱人全力负责公司审批的最后一道流程，每一笔钱都是从库存的缝隙中抠出来的，从日常开销的结余中省出来的，目的就是保住现金流。

不可否认，我们已经进入了"现金为王"的时代，如何把控金钱、留住利润、降低开支，把每一笔钱都花在刀刃上，而不是把钱浪费在其他无关紧要的事情上，才是最重要的。

"收入−成本=利润"的法则或许仍适用，不过稍显老套。我更提倡利润优先，那就不妨将这个公式反过来看，将自己的收入设定成不同的目标，不同规模下进行适当的调整，省下的钱可以当作利润，必须花的钱核算在成本里。寻找更快、更便捷、更便宜的方式去做你现在的生意，终将找到实现目标利润的方法。

说回囤货。除了"买一送一"的营销策略外，我也会根据随时出现的问题及时做出调整，其间遇到的难题也不少。

"买一赠一"的营销方式效果是不错，可是销量上去了，店铺评分却一直在下滑。其原因在于品牌的售后出了很大的问题。

起因是很多人都不满意鞋子的赠送款。仓库中的囤货品牌众多，为了能把50多万双鞋子尽快"清货"，我并没有细致地去盘点每个品牌的货，也没有根据人群和地区的不同去调整赠送的鞋子。有人说送的鞋子太老气，有人说送的鞋子太另类，总之什么类型的评论都有。

第四章 现金为王的时代,我想对抗命运

有一件事令我至今都很自责。一位已婚20多年的女士收到的赠鞋竟然是一双婚鞋,为此还跟她老公吵了架。这幕场景一直在我脑海中闪现。当时的我被清货的目的冲昏了头脑,穷得只想快速变现,违背了底线。我心底一直对这位用户抱有歉意。

每周一公司管理层都要开例会,这个习惯十年未改。公司的行为准则是事事有回应,件件有着落,当日事,当日毕。那阵子的周一例会上,我们反复讨论的只有一件事:怎么改进赠送鞋体验,让客户满意的同时把店铺评分提上去。

后来我们总结出两个解决方案:如赠送鞋不合适,客户可以换,可以退,客服需马上行动。碰到其他问题,由售后发到响应群,让客服一对一沟通,并收集信息留到开会时集中讨论。

正是凭借高频次地聆听用户需求,基于体验调整产品参数的做法,阿么实现了口碑上的逆转。店铺评分达到了满分,评分飞跃的同时,收到了来自各个地方用户的

好评。

有老用户从其他平台追随我们来到抖音直播间："2015年就在你家买雪地靴，买鞋买了很多年。"供应商、同行也都不吝啬对阿么的夸赞。

这些暖心的评论都在不断支持鼓励着我，化为我前进道路上的无限动力。我可以，阿么也可以重拾辉煌，并独当一面。

2022年的春节，为了防患于未然，我想过把直播间搬到家里去。在家里的客厅搭了一个简易场景，买了灯，测试了好几轮，怎奈效果始终不理想，只能当作备选。

春节期间，员工们都放假回家了，没有助播辅助，我拉上爱人一起直播。我在直播间主讲，她在旁边做助理，打下手。我家有一个传统，大年初一要吃汤圆，在我创立阿么这16年来从未间断。今年也一样，我的爱人在凌晨4点早早起床，为我煮了一碗汤圆，这令我十分感动。

负债不是一个人的战争，它的可恶之处在于会影响到家庭——夫妻之间是否会因此恶言相向？是否会就此分

第四章 现金为王的时代，我想对抗命运

崩离析？翻身自然离不开家人的支持，一个人的能量也会间接影响到家庭的其他成员，大家心往一处使，再难都不怕。我想这就是"家是幸福的城堡"的最佳诠释吧。

大年初一早上，不出我所料，整个平台只有几家品牌在直播，其中一个就是阿么。大年初一早上大家都休假在家，饭局、串门都安排在中午或者晚上，用这段无聊的时间看看直播打发时间，随机下单。正是因为抓到了这个节点，加上没多少商家直播以及平台资源的倾斜，当天直播间的销量出奇地高。

品牌中有一款"能跑步的高跟鞋"，是我的独创想法，为此我和厂商沟通，将高跟鞋原来的鞋底替换成如运动鞋一般柔软的鞋底，后来我还为这款鞋申请了专利。大年初一这天，这款鞋取得了极佳的销量，其他鞋的销量也跟着水涨船高，销售额竟破了150万。

当天我十分激动，在直播间立下了365天不间断直播的目标。能做出这个决定，离不开朋友、团队的支持和粉丝们的激励，这份认可成了我直播一刻不停的燃料。

整个过年期间，每一天的销售额都让我备感惊喜。遗憾的是，因为过年期间快递停摆，无法发货，导致退货率颇高，等年后物流通畅时，仅有30万的货发了出去。本以为能稍微赚点钱的，没想到最后还是亏了钱。

但是没关系，一切才刚刚开始，还是那句话，出了问题解决就好，事情不可能完美，那就一步一步地改正，让它趋于完美。正是因为这一段小插曲，我重新审视了物流的重要性，并调整、优化了仓库的发货节奏，制定出一套严丝合缝的物流标准。

每一次客户下单后，信息会同步到仓库，做到24小时之内必发货。对于工厂的合作伙伴，我也设立了排班制，因大量发货导致的加班、放假期间的工作，都给予相应奖励。

至此，我才算真正意义上将直播间的各个环节打通，形成了一套比较完整的体系。之后要做的，就是在目前的"地基"上逐步升级。

2023年春节，很多品牌也开始抓准契机直播。早上6

点打开抖音，无数人的头像都绕着一个红圈，不停地闪，显示正在直播状态。我还算是比较有先见之明的，提前让库房备好了大量的鞋子，这是很多商家都不敢做的。春节期间的快递或停运或效率低下，用户下单后发货要等很久，而且很多单子是冲动购物，因而退货率很高，商家承担不起这个损失。我之所以敢于囤货，背后就是因为我对阿么的物流很有底气。

《反脆弱》这本书中有一句话我很认可："当你寻求秩序，你得到的不过是表面的秩序，而当你拥抱随机性，你却能把握秩序，掌控局面。"其实人们越是投入精力试图控制想法，想法越会反过来控制你自己，所以不要怕事情的随机性和不定性，要利用好它们，而不是躲避它们。

成功并不是一蹴而就的，正确的决策、各方的配合、强大的执行力都缺一不可。囤货在一定程度上成为压垮我的稻草，而此刻我得以借助囤货逆风翻盘，未尝不是一种新的机遇。

我们需要做的就是直面不确定性。很多人喜欢给自己搞规划，三年一小规划，五年一大规划，却忽视了世间规则瞬息万变，最后发现每一次的规划都没能如期完成，心中不免感到挫败。不是说长远的规划无用，只是现阶段该注重的应该是短时期内的机会，用有限的成本寻找使自己获益的可能。

坦然地接受和拥抱变化，专注于此刻所有，才能适应社会的多元化，从而习得发展的能力。

时移势易，我们该如何突围

任何变化都需要一个成长曲线，人是这样的，生意也是这样的。

相信很多家长都会有这样的感受：孩子小时候不懂事，道理教了很多遍都听不进去，对学习也不积极，好像永远长不大。这时候有很多家长就开始着急，咨询各种教育专家，不仅给孩子报各种补习班，自己也去上课，"爱的教育"和"棍棒教育"齐上阵，试图将孩子硬性拉回所谓的"正轨"。

但是我们是否忽略了一件事？孩子在前期探索世界时缓慢的学习成长是否是错误的呢？在我看来并不是。每个人都有自己的成长轨迹，这个过程或短或长，都有一个阈值等待突破。这时的家长应该做一个文化榜样，而非孩子生活中的主导者，用自己的言行潜移默化地去影响孩子，耐心等待他突破成长曲线的阈值，来到迅猛发展的时期。

为何家长总会在发生某件事后把孩子"长大了""成熟了"挂在嘴边？等你发现他长大成熟时，就是他进入迅猛发展的时期。只不过很多家长没那个耐心，在攀比心态的驱使下，会下意识地与其他孩子比较，一味地推动孩子向前，很容易让他错过成长的"拐点"。

人生的成长曲线与做生意的成长曲线有相似之处。这些年我走南闯北，四处演讲，大家都很热情地跟我咨询生意上的问题。其中有一个问题出现频次很高："肖总，为什么你能坚持直播1000多天，从不间断？"这时我往往会比较心酸地回答："没办法，被逼的。"

是啊，如果不是因为欠下高额债务，我也不想如此绞尽脑汁地寻求"突围"。我的案例只是个例，被迫踏上漫漫还债之路，从而总结出了很多经验。我私心里也想找个稳定赚钱的生意做，谁不想呢？

所以我想跟各位创业者分享的是：如果你的生意还在稳定地创造营收，寻求突破并不是首先要考虑的事情；更多的心思应该放在如何维持平稳发展上，给品牌一个成长的时间，你的瓶颈或者"阈值"说不定就不攻自破了。

不过若你真的陷入了与我一样的负债困境，希望我在"突围"路上的故事，能对你有所助益。

当时直播间的销售额起伏不定，为了能做到与粉丝在一起、与产品在一起，能在众多女鞋品牌中脱颖而出，我想我急需一款在已有产品基础上升级的"爆品"打开局面。

于是，"三胞胎"升级款应运而生。

之所以叫"三胞胎"，是因为这款鞋总共有三个颜色：米白色、黑色、裸色。其中制鞋的大部分流程都由手工匠人完成，质量很好。这款鞋子是阿么的发家款，已默默陪伴我走过了16年的光阴，每年我都会在鞋子的细节上做升级，每年都卖得不错。

起初，"三胞胎"是一款比较基础的高跟鞋，造型简约质朴，看似平平无奇，但很有设计感。因为简约所以百搭，上班穿舒适，搭配礼服也不廉价，被我的粉丝奉为"必买神器"。

鞋卖得好，自然也会收到很多建议。比如，有人说行走不稳，那我们就采用了酒杯跟，走起来更稳，不容易崴脚。鞋垫增加了高密度乳胶垫，每走一步都像在给脚做按摩；后跟处增加了乳胶"小枕头"，防磨脚也不易掉跟。

团队快速整合建议，对鞋子进行整体升级，细节上更加讲究，从此"三胞胎"升级款成了阿么手工女鞋直播间里的常青款。

创业到现在，"三胞胎"总计销售额已超1亿，经常有老用户前来回购。也正是因为有了"三胞胎"的存在，我才算在直播界有了站稳脚跟的底气。

爆品出现后，用户将意见直接反映在直播间，我得以反推鞋子的不足，找到问题症结再去改变，以此形成良性循环。

我开始学会做"减法"。在销售平台上，我不再执着于多渠道分发的打法，砍掉了很多产出低的平台运营，专注于赋能一个平台，力求做到极致。品牌上，我取消了所有流水线产品，只专心做阿么手工女鞋。我把主要精力放在开发新品上。高品质手工女鞋是阿么的优势，品牌想要长远发展，就必须把优势守住。

品牌数量缩减后，以前的团队被安排到直播部门做短视频拍摄，整合团队，只服务阿么手工女鞋这一个直播间。

同时，我要求自己对所有产品都足够熟悉，为此我不停地试穿高跟鞋。除了直播话术和产品卖点的分解外，更要培养处理直播间紧急问题的能力。不过穿高跟鞋对我来说是真难受。我记得第一次我只穿了几分钟，脚就特别疼，尤其是脚趾，感觉都不会走路了，真的很心疼女性朋

第四章 现金为王的时代，我想对抗命运

友们。这也坚定了我想做出好看、舒适的高跟鞋的决心。

经过不断摸索，我取消了其他直播间里大量过品的讲解模式，而是每场直播只专注讲解一个产品，其他鞋子都由粉丝自己查看讲解视频后下单。

因为我发现，在直播讲解时，每个产品的讲解时间都非常短暂，粉丝们也无法根据短短几句话判断产品的好坏。每场直播我能上100款鞋子，粉丝们想看哪款主播也照顾不到，来来回回地讲，非常浪费时间。与其这样吃力不讨好，不如每场直播主推一款鞋子，把这款鞋讲解透彻。至于其他的鞋，我都拍了讲解视频，可以自行查看。

直播间里也没有"秒杀"机制，因为"秒杀"机制在我看来比较有紧张感，我还是更倾向于做一个能够亲近粉丝的直播间，让大家有宾至如归的感觉。

第二个"突围"方式，是我开始注重直播间里"仪式感"的建立。

直播间虽没有"秒杀"的紧张感，但我会在用户下单后营造一个仪式感，让所有已下单的用户在公屏打出"已

拍"两个字。打出这两个字，我会念出他的名字，并送上当日的赠送鞋子。别看这是个很简单的互动，其背后的行为逻辑是彼此形成一种承诺，目的是让用户有被重视的感觉。

我会大力在"手工女鞋"的概念上下功夫，这是我的标志，手工匠人们的辛苦付出也应该被看到。不同于流水线出品，阿么女鞋保留了大量手工制作步骤，每双鞋子都由手工工匠亲手完成。手工鞋注重细节和个性化的设计，真皮选料，保证鞋子的耐用性和舒适度，也更环保。手工制鞋需要花费大量的时间和精力，太过年轻的匠人技术无法达到，所以制作阿么女鞋的匠人们多是60后、70后、80后，他们精湛的手艺应该被看到。

在直播间的整体配色上，我抛弃了夺人眼球的鲜艳色彩，选择了比较有质感的美拉德色系。我在直播间穿的那件手工围裙，也是我花心思挑了很久，前后选了很多家店铺，买回来不下10件依次试穿才确定下来的。最终，我选择了带一点手工质感，但整体看起来不会太奢华的款式。

美拉德的基础颜色奠定了整个直播间的配色基调，包括后来招聘新主播，我都会统一要求她们穿大地色的衣服。

我在细节上的这些心思会不会被看到其实很难说，我也没有抱着会为直播间带来多少新增、多少留存的目的去做，单纯想契合一下阿么的品牌调性，让整个直播间看起来更规整一些。

可也正是我的这些举措，在后期开始慢慢发酵。越来越多的人记住了那个穿着手工马甲服的我，记住了那个大地色的直播间。在手机画面不断向上翻的时候，他们愿意停下来看看我们直播间正在卖点什么好东西。

直播间的整合需要过程，每一步的改变都需要时间，做到了还没有效果怎么办？等待。任何事都需要一个发酵成长的过程，如果你觉得自己已尽力，不妨先等待，按部就班做好手头上的事情，时间会给你想要的答案。

在生命的旅途中，我们有太多想要"突围"的时刻，总觉得生活停滞不前，期待能有更大的机会降临。可问题是机会降临后还有一个必要条件，你是否抓得住呢？

我朋友的闺密夏夏是个90后，之前在某科技企业做总经理助理，去年因为公司效益不好被裁员，拿了赔偿金回老家躺平了3个月后，出来找工作。可是她突然发现工作特别难找。她已年过30，难以跟年轻人竞争，现在大环境又不好，不得已将工资一降再降，还是没收到过任何录用通知。

心烦之下，为了寻找内心的平静，夏夏决定去学理疗。她本来就有运动的习惯，平时喜欢练瑜伽，想着学个理疗既可以及时判断自己的身体状况，也能学一门手艺。没想到，她真的考下了证。后来一次机缘巧合，一个上市公司的董事长招总裁助理，招聘信息里明确写道：因为总裁年纪较大，需要应聘者懂一点医学知识，最好会一些理疗手法。夏夏一看，这不专业对口了吗？赶紧去应聘，最后她成功从众多应聘者当中脱颖而出，薪资还比之前多了几千块钱。

通过夏夏的经历，我想说的是，不要怕生活一时的停滞，也不要规划长远的目标，现阶段的一些小目标都达成的你已经很棒了。先让自己成为一个机会降临时可以满怀信心上前拥抱机会的人，或许你的"突破"也在前方等待着与你相遇。

💡 互动问题

1.如果只改动一个细节就使你的生意具有独特性，你会改变什么？

2.现金为王的时代，你如何看待收入、成本、利润的关系？请先给自己设定一个收入小目标。

3.抛开生意不谈，你现阶段生活上的小目标是什么？你决定用多长时间、如何去实现它？

第五章 深耕人心的红利,爱是一切的答案

努力奋斗的我们,到底在拼什么

我依稀记得,那是在3月底4月初的一场直播中,冷冬刚过,成都的天气透着一股暖洋洋的干燥。当天我在直播间依旧亢奋,不停地讲那些早已烂熟于心的话语。可不知怎的,突然感觉呼吸不畅,尤其是鼻子特别堵。坚持了一

会儿还是感觉不舒服,我赶忙跑到镜头外调整呼吸,后来总算是硬着头皮播完了。

当时,我只觉得是换季诱发的过敏性鼻炎。其实我的身体因为偏胖会有一些基础问题,像腰不好、肩颈疼痛,都是很平常的中年病了。所以这次鼻炎我也没太上心,买了些药,象征性地喷一喷,就没再留意。

前期,我只当是从事直播后,生活方式有所改变带来身体上的不适应,并没有往器质性疾病上考虑。大多时候,我都是自行调理身体。比如,我会在日常生活中注意保护嗓子,跑步增加肺活量,多吃青菜,早睡早起维持身体健康,等等。

但时间到了4月中旬,我的鼻炎症状仍没有好转,甚至有严重的趋势。只要一长时间讲话,我就会有严重的窒息感,往往直播一小会儿就要跑到镜头外大口喘气,直播间甚至配了一台呼吸机,以便我随时吸氧。

我去药店问过,也咨询了很多朋友,在他们的推荐下买了很多鼻炎药。喷剂、胶囊、冲剂、大大小小的鼻贴,买了不下20种药,但症状并没有缓解。

长时间呼吸不通畅的折磨是很痛苦的,我开始头晕,食欲不振,每天心情很低落。但我又要吃直播这碗饭,不能以这样的状态去面对支持我的粉丝们,再不愿意面对,我也知道该去医院看看了。

4月末5月初,我去看了医生,确诊为鼻腔肥大。医生说不只是因为换季,跟我久坐办公也有关系,想要彻底好转,只能进行手术。

要手术,我心里一惊,这是我最不愿听到的消息。手术意味着要休息、要恢复,行动也会受限,而我在直播间曾立下连续直播365天的目标,这个承诺我不想打破它。

在考虑是否要保守治疗的间隙,我抱着一丝希望问了医生:"术后要恢复很久吗?还能直播吗?"医生显然被我的问题问住了,想了一会儿回答道:"我劝你好好休息,如果非要直播也不是不行。"

单是听到不用强制休息的消息,我就已经非常开心了。虽然也有所顾虑,但当时已是拼命三郎状态的我还是想先把所有债务还完,即使约下了手术日期,隔天的直播我也没有推掉。

6月的某一天,上午我还在正常直播,完全没有被手术的事情打断,下午我就躺在了手术台上。说一点不害怕肯定是假的,见过风风雨雨的我,在看到手术室的那一刻还是有点心慌,好在麻药一推,我就什么都不知道了。

手术过程很顺利,隔天,我成功地带着还未完全拆掉的纱布上播了。疼吗?麻药劲儿过去之后真的很疼,我就吃了止疼药再上播。其实这时候我的鼻子还是有点堵的,纱布带来的异物感也很难受,纯粹是硬着头皮在播。

然后就出现了意外的一幕,播着播着我突然感觉鼻下一凉。当时还纳闷,是不是术后鼻涕不自觉地流出来了。那就先不去管它,今天不论发生什么事,我也要在直播间把口播说完。

结果我转头就看到助播瞪大了双眼,惊恐地望着我。我伸手往鼻下一摸,蹭了一手的血,原来鼻血正止不住地流。

第五章 深耕人心的红利，爱是一切的答案

这一遭下来挺遭罪，术后鼻子依旧没有大好，虽说比之前完全无法呼吸的状态是好了一点，但仍无法支撑我播完全程。直播间角落里那台呼吸机，很长一段时间也没有拿走。

不只是呼吸方面的问题，自直播以后，我的腰也会经常疼痛。我去看过医生，只说是久坐劳累，让我多运动。虽说没有器质性疾病，可一旦疼起来也十分吓人。有时候不知道怎么回事，腰就闪了，接下来就是1～2周的恢复期，每天带痛上播，下播又开始针灸、贴药膏、按摩、拔罐。

日复一日的疼痛，有时会让人清醒，自己如此疲惫究竟是为了什么？如此高强度的紧绷生活，真的是我想要的吗？直播的日子里，我好像渐渐变得麻木，为了"还债"这个目标，失去了对生活的知觉和感受。

努力博得生活的出口是没错，可我好像对必须努力这件事越来越偏执。生活仍要继续，还债也要继续，这我知道，但身体的疼痛是真实的，对生活的迷茫也是真实的。

生活状态不可避免地陷入迷茫和困顿，琐碎的日常里我的心好像空了一块。有时明明知道该做什么，却挪不动脚步，想休息，却又对直播间的各个环节提心吊胆。我很累，却不知道哪里累，想放手，却又心不安。那个支撑我努力下去的支点正在变得摇摇晃晃。我想，我应该走出去寻找一些答案。

去年，我去参加了"谭木匠"创始人谭传华的一场线下交流会。谭总一直是我非常尊敬的企业家，他虽然身有残疾，但很多创业理念和心得都值得我们新一代的创业人去学习，能有幸参加这次交流会我非常开心。

当天，他分享了从1993年创立品牌到如今生意稳步向前的心路历程，语气和缓，不卑不亢，一点老板的架子也没有，全程就好像一位慈爱的长者在为我们这群初出茅庐的晚辈指点迷津。

那一天，他聊了很多关于生命本质、关于金钱得失的话题。他说，曾经他也同很多人一样，追求财富和成功，梦想成为富翁，赚更多的钱。但随着时间的推移，他发现

第五章　深耕人心的红利，爱是一切的答案

金钱并不能带来真正的满足。穿的衣服是十几年前买的，尚能蔽体；饮食方面能吃饱即可，山珍海味反而会让人消化不良。曾追求的很多东西转过头看，皆是虚妄。

一番话让我惊醒。我想到，当天我们住的酒店门口有一句话："世人在沉睡，你要醒过来。"是否我也沉睡了下去，沉睡在对金钱和利益的追逐中，沉睡在负债带给我的困顿中，而忘记了生命的本质——每一天都可以坦然地接受幸福降临。

在那天的交流中我知道，其实他从未将"谭木匠"这个品牌看作可以骄傲一生的产业。创业不过是在漫长生命长河中顺手做的一件事，而对客人负责、对产品负责的心态和态度，才是让他能一做30年，把生意延续下去的核心。遵循自己的内心，做好每一把梳子、每一件手工制品，答案和出路自在其中。

我也分享了自己负债累累的故事，聊到我曾绝望地想要结束生命，但最后还是坚持了下来，相信自己能挺过这一关，并不断地寻找翻身的机会。我问谭总，我此刻依旧

迷茫，依旧感觉前方荆棘遍布、道路曲折，我该怎么办？或者我该如何清醒过来？

虽然他的答案我可能心里早有预料，可他的话就像有一股力量击中了我。他说，要诚实和善良，只要内心诚实和善良，坚持下去，总会有希望。

如何把一家企业做好？我相信是所有创业者、负债人的终极命题。在人人都想快速出头，在市场中占据一席之地的社会里，人们逐渐变得浮躁，甚至易怒，总盼望着靠一个决定就能飞黄腾达，可在这之后呢？我们又能留下什么？

曾是世界首富的乔布斯，在临终前说他一生中追求的东西其实都与自己毫无关系。我们都会面临死亡，那么无论你有多少钱，最终都会化为乌有。既然如此，那又何必如此执着于金钱呢？

快速地扩张、追求高增长曾让我跌入谷底，背了一身债，如今还在还。或许我从一开始就错了，稳扎稳打地做好手头的生意，做好每一件产品，服务好每一位用户，才

第五章 深耕人心的红利，爱是一切的答案

是我们当代创业者应该做的。

从交流会出来后，我的内心久久不能平静，好像摇摇晃晃了很久的支点，又重新找回了平衡。我想他最后的话我应该会记很久很久："生命的意义不在于你赚了多少钱，而在于你选择如何度过这一生"。

每个人都是独特的，我们都有自己的使命，成功的喜悦会有，失败的失落也会有，但请不要让它影响到你。只将生意看作人生中的一部分，它并不是生命的全部，并不会带来真正意义上的幸福。

我要感谢这场病痛，感谢机缘巧合下能听到谭总的分享，让我听到了自己内心真正的声音，也让我从麻木的困境中挣脱，找到了那颗治愈不安的良药。

与用户共情式成长，以心换心

最近的一天早上，我仍是4点半起床，看到团队伙伴在主播群里分享的一封手写信。信发到群里时已经是晚上

11点了，阿么主播们还在群里讨论着，"粉丝写给肖老师的信""感动""一名远在祖国边境的无名粉丝，铁粉，感动！""阿么陪着她走向下一个十年，保持初心，不惧困难"。我仔细查看后，发现居然是一封写给我的感谢信。来信的是一位追随了阿么多年的粉丝。2018年，从一双穆勒拖鞋开始，这位粉丝开启了和阿么的缘分，之后几年里也陆续来我的直播间买鞋。一来二去，我对这个ID逐渐熟悉起来，有时她在后台发一些反馈，我也会发语音回复她。

突如其来的手写信让我很惊讶，根据信的内容我对她有了更深的了解。原来她是一个定居在黑龙江、生活在祖国边境线上的女孩，即便生活的地方天气严寒，也没有磨灭她乐观积极的心态。更让我惊喜的是她言语间透露出的对阿么的喜爱与对我的肯定，看得我心里暖暖的，整个上午都非常开心，也非常感动。我们还约好如果她来成都，我会邀请她来公司转转，一起认识下阿么的小伙伴们，如果可以，再一起吃顿火锅。

我想，我是何其有幸遇到了这样一位懂阿么的粉丝，又何其荣幸能赢得她的信任，这大概就是真诚的力量吧。

信中她写道：

亲爱的阿么：

你好啊，见字如面！我是你跨越大半个中国才能见面的粉丝朋友。不过很幸运，成长的路上，我们已经遇见过很多次。

初识"阿么"这两个字，是因为春春的那首歌："风生水起，尘世硝烟，爱怎样随便。"多么有态度的一句话啊。我想，你能喜欢这首歌，也一定是个很有态度的人。后来的许多年，你果然印证了我的想法，多年坚持做手工女鞋，最难的时候也没有放弃。这野蛮生长的力量，我无比佩服。

2018年，第一次购入阿么的鞋子，没有记错的话，应该是一双浅绿色的蝴蝶结穆勒凉拖鞋，精致、大气又很亲民的价格，让刚刚走出大学校园的我如获至宝。从此，阿么几十块的鞋子陪我走了初入社会时的很长一段路。

后来的一段时间，收入渐渐增加，也学着同事、朋友买一些所谓的"大牌"，虽然也不错，好得各有千秋，但始终没有找到最适合自己的风格。

直到偶然间，刷到了阿么老板的直播，亲切无比。更重要的是鞋子款式非常棒，重新拾起曾经的白月光品牌，发现如今的阿么已经完全不输任何品牌了。

感谢阿么，陪着我成长，陪着我走世界，看世界，然后爱世界。陪着我从20岁出头的"痴狂"到30岁的"沉稳"。接下来的日子，我们继续一起加油，一起"如初"地热烈着！

——一位远在祖国边境的无名粉丝

我愿意与粉丝们共情，并一起成长。我相信通过真诚的沟通，我的身份会在她们生活中的某一刻发生改变，变成一个愿意聆听的朋友，而这位朋友背后经营着一个用心做产品的品牌。

第五章 深耕人心的红利，爱是一切的答案

还有一件有趣的事想跟大家分享。我这本书的编辑清波曾在我的直播间下单买了一双带松紧带的短靴。一次工作外出时她穿着这双鞋子走了一万多步，导致松紧带位置的左小腿处磨出了一条红痕。我经常跟她说，但凡鞋子有不舒服的地方一定要跟我说，只有这样我才能继续在细节处改进，做出更加舒服的鞋子。

那天，她把问题反馈给我。当然她也说了可能是穿了短袜的缘故，而且只磨了单侧，穿长袜时并没有出现磨脚的问题。我心里很抱歉，因为鞋子是上一年的款式，当年还没来得及系统升级，但这不是借口，出了问题我作为老板肯定要负起责任。

我马上送了她一双新款的船鞋，新款鞋的后脚跟处做了防磨脚设计，并诚恳地建议她试试。没想到清波也是个"轴"性子，大晚上下班回家拿到鞋的第一时间，就穿上在地下车库里走了半个小时，就为了试试新鞋到底磨不磨脚。

结果让我很欣慰，阿么的鞋经受住了她的"考验"。

她高兴地跟我说因为自己没有明显的后脚跟，买的船鞋磨脚已经成了生活中的"习以为常"，商场里的大牌子穿了个遍，各种防磨脚的贴、油也试过，但都没有用。她说已经习惯用自己的血肉去给鞋子塑形，却从来没想过其实是鞋子设计的问题。我这位"轴"编辑朋友也成功地从不信"世界上有不磨脚的船鞋"的人，变成了阿么忠诚的粉丝。

从直播小白到如今能撑起一个几百万粉丝直播间的主播，这一路走来，我与阿么一起学习成长。可以说，我学到了许多比知识、技能更珍贵的东西。

关于如何守护住人心里的信任，深耕人心的红利，我有一些感悟想和读者朋友们聊聊。

在互联网经济时代，流量红利逐渐消退，取而代之的是"人心红利"。所谓人心红利，就是通过真诚的互动与服务，赢得用户的信任和忠诚。这种红利不是靠短期的营销手段获得的，而是通过长期的积累和深耕来实现的。

"人心红利"的本质是品牌通过心智占领，在消费者决策链路中成为"默认选项",从而降低获客成本、提升产品复购率和企业抗风险能力。

阿么的转型,很大程度上得益于我们对人心红利的重视。我们不仅是在卖鞋子,更是在与粉丝建立一种情感上的联结。每一次直播,每一次互动,都是我们与粉丝之间的一次心灵对话。我们用心倾听他们的需求,真诚回应他们的反馈,甚至在粉丝过度消费时,主动劝他们理性购物。这种真诚的态度,赢得了粉丝的信任与支持。

如何精准地把握住粉丝的信任,我总结出了"深耕人心红利"的三部曲,并与大家分享。

一、学会倾听与拒绝

刚开始做主播时,我怀揣着满腔热情,却也难免陷入一些误区。许多粉丝会在后台留言,提出各种建议。作为创业者,我深知这些反馈的宝贵之处——它们是顾客最真实的使用感受,能够帮助我们不断优化产品。于是,我养成了每天查看后台留言的习惯,收集粉丝们的建议,等到周一开会时与同事们一起讨论。

可随着时间的推移，我发现粉丝们的建议越来越多，尤其是关于定制款式、定制鞋码的需求。很多时候一看到这些建议，我就知道以阿么现阶段的能力和与工厂合作的流程，这些需求是无法实现的。这让我意识到，作为主播，我们不仅要重视粉丝的需求，更要学会拒绝。不能为了一味迎合粉丝而做出无法兑现的承诺，否则不仅无法与粉丝建立真正的联系，还会逐渐失去粉丝的信任。

倾听粉丝的声音，了解粉丝的需求是很重要，但同时也要有勇气拒绝那些不切实际的要求。只有这样，才能在粉丝心中建立起真正的信任，而不是短暂的满足感。

二、找到与粉丝最佳的沟通方式

做主播之前，我只是一名普通的创业者，更注重产品的外观是否好看、陈列是否科学，能否让顾客眼前一亮，产生购买欲。然而，直播间的展示机制远比我想象的复杂。直播间的色差、展示效果大多依赖于器材设备，实物在不同场景、光线下与直播间的展示产品或多或少会有所不同。如果一味追求与线下产品完全相同的效果，往往会事倍功半。

经过一段时间的摸索，我逐渐明白，直播时的重点，并不在于完美展示鞋子的每个细节，而在于，如何清晰讲解其特点，并给出实用的穿搭。而在展示鞋子时，一张完美的精修图片固然重要，但直播间实景拍摄展示出的鞋子的完美角度，却更能为其增光添彩。这种认知的转变，是我在直播间里不断打磨、耐心总结后得出的宝贵经验。

直播间的展示不仅是产品的展示，更是与粉丝建立情感联结的桥梁。通过真诚的讲解和实用的建议，我们能够更好地传递品牌理念，赢得粉丝的信任与支持。

三、真诚地互动赢得良好的口碑

在直播领域，主播与粉丝的关系往往是直观且带有利益性质的。大多数粉丝并没有固定的主播要看，他们只是随便刷刷，碰到有人恰好在直播间卖自己需要的东西，觉得价格合适，便下单了。这类粉丝被称为"散客"。阿么的大部分用户则是那些已经养成网购习惯，并与固定主播保持一定用户黏性的粉丝。当习惯已经养成，下一个阶段就要靠彼此之间的信任，才能走得越来越长远。

互联网经济时代，粉丝的忠诚度决定了一个企业的成败。产品不仅是敲开市场的敲门砖，更是粉丝心中的那块压舱石。面对那些陪伴阿么从无到有、从发展到没落，再到如今新生的老粉们，我心中充满了感激。她们见证了品牌的每一个重要时刻，甚至愿意陪我一起度过品牌最落魄的那段日子。这种情谊，远比生意上的成功更加珍贵。

人心红利的积累，不仅体现在粉丝的忠诚度上，更体现在品牌的口碑传播上。当粉丝感受到品牌的真诚与用心，他们会自发地为品牌做宣传，成为品牌的忠实代言人。这种口碑效应，远比任何广告都要有效。

粉丝的信任与支持，不仅能够带来直接的利润，更能够通过口碑传播，吸引更多的新用户。这种良性循环是品牌长期发展的关键。

第五章 深耕人心的红利，爱是一切的答案

在品牌发展的过程中，发生了一件让我特别振奋的事情。

那是某一年的9月初，我在直播间的大屏上频繁看到一个熟悉的ID——七月兮兮。这个账号对我来说再熟悉不过了。每逢换季，她都会在我们直播间买鞋子，而且每次都是好几双。我粗略算了一下，她大概已经买了40多双鞋子。有些时候她还会在后台给我留言，说她的鞋柜已经被阿么承包了。每次听到粉丝说这样的话，我都会由衷地感到高兴。

可那天当我看到七月兮兮在公屏上留言，说要再买三双同款不同色的靴子时，我心里突然涌起一阵担忧。她真的能穿得过来吗？她是不是单纯为了支持我才买这么多鞋子？因为我清楚地记得，她一周多以前才买了一双差不多款式的鞋，我还送了她一双百搭的小白鞋。

鞋子和衣服不同，衣服可以根据季节、天气和潮流的变化而不断更换，但鞋子不一样。很多人买鞋时，首先看重的是质量和舒适度，其次则是是否百搭，能否适用于多

种场合。一双百搭且好穿的鞋子，往往能让人穿好几年都不舍得扔掉。阿么的选品标准也正是基于这一点。首先，鞋子的质量必须过硬，我们会在合理的范围内选择优质耐穿的皮料，增加泡棉、防滑条、按摩垫等小设计，同时不断优化鞋楦，提升整体的舒适度。其次，鞋子的款式要经典，不挑场合、不挑脚型，无缝衔接各种变化。

因此，我一直秉持着一个理念：鞋子够穿就好。从阿么的直播间买到手一双鞋，如果觉得好穿，可以再买一双其他颜色的备用，但没必要买太多。毕竟，大家赚钱都不容易，理性消费才是长久之道。

于是，当看到七月兮兮又买了几双鞋时，我实在忍不住了，直接在直播间喊话："七月兮兮，你别再买了！你今天已经买了3双了，再买的话真的太多了！我们家真的不需要你买这么多，直播间每天都在直播，你随时都可以看到我。我们要理性购物！鞋子是拿来穿的，不是拿来囤的。"

这几句没有经过太多思考的话却意外引起了直播间

里许多粉丝的共鸣。大家在公屏上纷纷留言："第一次看到老板劝人别买了。""你是第一个劝我别花钱的主播。""今天谁也拦不住我买鞋，支持阿么！""良心老板。"看到这些留言，我才意识到，事情似乎正在朝着一个我始料未及的方向发展。

当天直播结束后，办公室的小伙伴们围了上来，兴奋地告诉我今天直播间的人气达到了9000人，活跃度也创下了一个新高。然而，谁都不知道的是，我根本没有预料到在线人数会涨到这么多。我只是下意识地说出了心里话，与粉丝真诚、无保留地交流已经深深融入我的生活。这种真诚是无法提前策划的，也无法伪装。

我深刻体会到，真诚的互动不仅能够赢得粉丝的信任，还能够引发他们的共鸣，进而带来意想不到的效果。

这次意外的直播事件，不仅让我意识到与粉丝真诚交流的重要性，还让我对短视频有了一个全新的认知。我和运营团队的小伙伴们将当时直播间的场景剪辑出来，迅速发布了一条短视频。出乎意料的是，这条视频仅凭自然流量，播放量在几天内就突破了百万，为直播间带来了几千名新观众。时至今日，这条视频仍然是阿么所有短视频中点赞量最高的。

第一次视频数据的突破虽然来得有些晚，但恰到好处。在日复一日的平凡日子里，不刻意追求，不盲目攀比，脚踏实地走好眼前的每一步，幸运总会在不经意间降临。

之前，团队的小伙伴们曾多次建议我出镜录制短视频，但我一直不愿意。那时的我认为，每天在直播间与粉丝见面已经足够了，平时应该隐身于品牌背后，保持作为品牌创始人的神秘感。况且，平台上很多男主播都有亲自穿高跟鞋的行为，我甚至一度思考自己是不是也要穿高跟鞋。我的尺码是41码，而女鞋最大只有40码，如果我在试穿时感到不适，会不会对品牌造成负面影响？粉丝们买鞋的出发点是产品，而不是我本人——至少当时我是这么想的。

随着这次视频的爆火，我的视野被彻底打开了。短视频不仅是一个展示产品的平台,更是一个与粉丝真诚交流的窗口。通过短视频,我可以将阿么的品牌理念和我作为创始人的态度传达出去,拉近与粉丝之间的距离。于是,我渐渐放下了之前的种种顾虑,毫无保留地将自己展现在粉丝面前。

这一路走来,我深刻体会到,无论是做主播还是做品牌,最重要的就是用真心换真心。粉丝的信任和支持是我们前行的最大动力。那些在纠结与困顿中突然冒出的惊喜往往最为可贵,它们时刻提醒着我们,脚踏实地、真诚待人,幸运终会不期而至。

阿么的未来依然充满挑战,但我相信,只要我们坚持初心,用真心对待每一位粉丝,品牌的路一定会越走越宽。那些奋斗过的痕迹与自我的博弈过程,才是最值得讨论的。

人心红利,是我们最宝贵的财富,也是我们前行的不竭动力。

最爱我的人，再也等不到我回家

用心做企业，用爱做品牌，一直是我追求的目标。创业不易，途中若无家人相伴、好友扶持，我必不可能走到现在。

当然，还有对我影响最深的——我最爱的奶奶。奶奶教会我如何爱他人、如何为他人着想。她的利他精神，是我一生中最宝贵的财富。

我是跟着奶奶长大的孩子，她是我这辈子最重要也最爱的人。

我从小在四川巴中恩阳的磨子乡长大，那是一个贫困的山区。奶奶是我童年唯一的依靠。父母常年在外打工，一年到头见不到几次面，奶奶便成了我生活中的一切。她瘦小的身躯里仿佛蕴藏着无穷的力量。每天清晨，她早早起床喂猪。屋前的地里种满了蔬菜和花朵，都是她一个人精心打理。她的双手粗糙，却总是温暖。

巴中的山总是湿漉漉的，雾气像奶奶熬的米浆，包裹

第五章 深耕人心的红利，爱是一切的答案

着磨子乡的瓦房屋顶。奶奶蜷在藤椅里的样子，像一粒被岁月风干的核桃。那把竹编藤椅早已磨得发亮，扶手处凹陷的弧度，恰好是她常年握镰刀的手掌留下的形状。

奶奶的爱，从来不是轰轰烈烈的。她不会说太多动听的话，但她会用行动告诉我什么是无条件的爱。奶奶有四个儿子和两个女儿，我爸排行老二，奶奶老幺的儿子——我表弟也是她带大的，几口人住在有三个房间的瓦房屋里。冬天，瓦房里漏雨，屋里湿冷，奶奶总是把她的被子让给我们几个小孩盖。她自己蜷缩在角落里，却从不抱怨。她的爱像那床温暖的被子，包裹着我，让我在寒冷的冬夜里感受到一丝暖意。

记得有一次，我发高烧，奶奶整夜未眠，守在我的床边。她用湿毛巾一遍又一遍地擦拭我的额头，轻声哼着山里的老调子，仿佛那歌声能驱散我身上的病痛。她的手掌粗糙，但抚摸在我额头上的时候，仍让我感到无比安心。

奶奶从未走出过大山，但她的人生哲学深深影响了我。她教导我们做人的原则是"利他"。她总是说，做人

要懂得为他人着想，要遵纪守法，要心怀善意。她自己就是这样做的，将全部的爱都奉献给了家人和大山，却很少为自己考虑。

奶奶的利他精神，像一颗种子深深埋在我的心里。她从不计较自己的得失，总是默默地为家人付出。她的爱，不是索取，而是给予。她教会我，真正的幸福不是拥有多少，而是能为他人做些什么。

随着我创业失败，债务缠身，直播还债变成了我生活的主体。这几年，我回老家看望奶奶的次数屈指可数。等到直播进行到400多天时，恰好赶上奶奶生日，当天我说什么也要回家陪她，就带着家人驱车400多千米赶回巴中。那天，她做了我最喜欢的鱼，炖在锅里，等着我回来。可我当天到了家只待了1个多小时，就匆匆赶回了成都。那口鱼，我终究没有吃到。奶奶的笑容依旧温暖，我却没能好好陪她吃一顿饭。

连续直播到500多天时，某天母亲突然打电话给我。我当下隐约感觉家里出了什么事情。果不其然，得到的消

第五章 深耕人心的红利，爱是一切的答案

息让我整个人愣住了：奶奶已经六七天没进食，身体状况很差。

我对奶奶的爱不言而喻，奶奶是把我从小拉扯长大的人。这位慈祥的老人，曾倾尽一切给予我这个从小生活在贫困大山里的小孩无尽的安全感。她教会我自尊、自爱、关怀体贴他人，也在我父母缺位时及时填补他们的位置，教我成长为一名合格的人。

听闻消息，我放下手里所有的工作，心中只有一个念头：我要回家，我要见她。在赶回巴中的路上，我才有时间好好回想奶奶的这一生。

小时候，奶奶喜欢让我坐在她的腿上，听她讲那些过去的故事。

17岁那年，她嫁入肖家，从此开始了她在肖家漫长而辛劳的生活。爷爷在世时，她默默支持着家庭，拉扯着六个孩子长大成人。爷爷去世后，她哭瞎了一只眼，但依然坚强独立，每年自己养鸡、养猪、种菜，起早贪黑，从未懈怠。我小时候，我们家是全村吃得最好的，虽不是顿顿

有肉，但每一餐都非常讲究。等孩子们都长大成人，奶奶也没有依赖任何儿女，反而主动承担起照顾孙辈的责任，让子女们能够安心在外打拼。

家庭凝聚力也是奶奶最看重的事情。我记得小时候，家里的幺爸沉迷于打麻将，奶奶很着急，问家里人能不能帮帮他。于是家族中几个长辈开导幺爸，让他拿钱去买房，手里没了资金，麻将打得自然也就少了。后来幺爸听了劝，买了房，又刚好赶上房价飞涨，幺爸的生活重新走上了正轨。

学生时代，我有朋友来了，奶奶总是笑脸相迎，然后默默走进厨房，为我们准备丰盛的美食。她的笑容和美食成了我与朋友们最温暖的回忆。那些食物都是奶奶一点点攒起来的，她的慷慨与无私教会了我如何待人接物、如何用心去爱。

在奶奶的影响下，父亲和他的兄弟姐妹们都格外孝顺。他们为奶奶修缮了房子，每年都会拿出钱孝敬她，然而，奶奶从未花过这些钱。直到2008年汶川地震，我们才知道奶奶早已将这些钱攒了起来，并在灾难发生时慷慨地捐给了灾区。

我想奶奶的人生准则就是这样，自己吃饱穿暖即可，不追求人生的大富大贵，当遇到真正需要帮助的人时，却可以毫无保留地去尽自己的力量帮助别人。这也是为何我就算负债，也会坚持做公益的原因——我希望能成为像奶奶一样内心有大爱的人。

那天夜里我赶回老家，奶奶已经瘦得不成人形，瘦小的身躯因长时间无法进食而显得更加虚弱。她躺在床上，依旧微笑着说要给我的孩子发红包。那是她对我说的最后一句话。没过多久，人就咽了气。

我当时哭得泣不成声，父亲拍着我的肩膀说："她是在等你回来。"

奶奶早在十年前就为自己买好了棺材，并嘱咐我们，她去世后不收一分钱、一样礼。然而，村里人送来的鞭炮和纸钱还是堆满了整间屋子，足以见得他们对奶奶的爱戴。停灵三天后，我们将奶奶送上山。土葬的那一刻，我才真正意识到我再也无法孝敬她了。那些未尽的孝心成了我心中永远的遗憾。

奶奶走后的某一天，或许是记忆深处某个瞬间一下子击中了我，我在直播间突然哽咽了起来。为了不让粉丝观感不好，我及时调整了心态，还是坚持把直播进行下去。只有我知道，是耳机里传来的细微的电流声——像极了老人听直播时，老花镜腿摩擦手机麦克风时发出的沙沙声。

母亲曾跟我说，奶奶自从知道我搞直播后，就开始学习用手机，第一件事就是让母亲帮她下抖音，只为了每天能看看我。

某天早上下播后，母亲突然打电话问我是不是鼻子不舒服。那是在我手术前，当天我在直播时的确因为呼吸不畅不停抽鼻子。原来是奶奶听到了，因为她另一只眼的视力也在下降，就把我的直播当成评书来听，即便听不懂，也会及时捕捉到我的不舒服，对着屏幕喃喃道："孙子嗓子哑了，还在拼命直播。"

此后再去祭奠她，我总会想起这个细节，在碑前哭得失声。山风卷起纸灰，恍惚间看见瘦小的奶奶正用豁口的瓷碗给我盛鱼汤。

我知道，这样不求回报、纯粹无私的爱，终究是离我远去了。

失去奶奶后，我常常陷入自责与悔恨。那些未能陪伴她的时光，成了我心中无法释怀的痛。但我也明白，生命的意义不在于悔恨过去，而在于珍惜当下。我更加重视与家人的相处时光，每周都会给父母打两三次电话，每次父亲来成都，我都会亲自去接他。

父亲过六十大寿时，我特意为他操办了一场热闹的生日宴。看到父亲笑得合不拢嘴，我心中充满了欣慰。奶奶虽然离去了，但她的精神始终陪伴着我，成为我前行的动力。

直播让我的事业起死回生，但我也为之付出了代价，在挚爱之人的生命末期没有陪伴在侧，成为我这辈子无法释怀的遗憾。

奶奶的离世，让我深刻体会到生命中最珍贵的不是金钱与名利，而是那些无言的陪伴与无私的爱。

奶奶留给我的不仅是回忆，还有一种精神的力量。她的坚韧、无私与慷慨成为我人生中最宝贵的财富，将永远激励着我，让我在创业的道路上继续大步前行。

最后我想说，可能我的成长经历跟很多创业者一样，没有背景，没有很好的物质条件，一分一厘都是靠自己挣来的，为的就是给家人更好的生活条件，也给自己的人生一个交代。

可月有阴晴圆缺，人有悲欢离合，人生潮涨潮落，终不能事事如愿，也真诚希望所有的逆风逐浪者，都能对家人、对亲人常怀牵挂、常觉亏欠、常伴左右。这是我们翻盘路上最坚实的依靠、最温暖的底色和最不可或缺的力量。

互动问题

1.本章负债翻身的本质是通过人心红利占位降低获客成本,最终用品牌复利对冲债务压力。挑选一个你长期使用的品牌,分析它是如何重视人心红利的。对你来说,感触最深刻的事情是什么?

2.思考如何将"深耕人心红利"三部曲运用在生活中。你可以从哪个方面入手?

3.你人生路上的精神支柱是谁?他对你的影响来自哪个方面?教会了你什么?

第六章　你卖的不是产品，而是你自己

生意中出现意外事件，我们第一步要做什么

我相信，近两年很多人都有相同的感受，人们对于赚钱的需求越来越迫切，但钱越来越难赚。

在经营生意的过程中，意外事件是不可避免的。无论是销量的突然下滑、平台规则的变动，还是家人的突发状况，这些突如其来的意外让我每每回想起来都浑身冷汗。

未来无法预测，创业道路上也不可避免会出现很多坑，等着你来跳。当问题发生时，我们都知道要冷静对待，思考解决步骤，避免情绪性决策，但往往这个解决的办法让我们抓不着头脑。方法会不会是错的？如果事态继续恶化怎么办？很多心态较弱的人在解决问题之前就已经开始想缴械投降了，而最后的结果也只能是坐吃山空，背负债务。

积极的心态一定是最重要的，接受生活的不确定性，生意中的意外是常态，接受这一点可以帮助我们更好地应对突发状况。保持乐观也非常重要，即使在逆境中，仍应保持乐观，寻找新的机会和突破口。

之前章节里聊到过接纳自我，接受自我的负面情绪。在意外事件来临时，负面情绪会达到巅峰，很容易做出应激决策。

什么是应激决策呢？创业者盲目地想要快速扭转局面，没有谨慎思考解决方案，而是过度依赖之前的成功案例进行调整，或紧急砍掉亏损项目，让生意在短时间内大规模地起伏变动，从而导致事态更加恶化，陷入僵局或者死局。

当我们端正心态之后，第一步要做什么呢？我更倾向于先执行。这里说的执行并不是延续错误的决策，而是尽可能切断对还在盈利项目的影响。这一点是非常重要的。

以阿么为例，凭借之前的"买一送一"的策略，整体销售量仍在上升，呈现出健康的增长趋势。直播间里，顾客们的好评不断刷屏。那段时间，我仿佛开了"金手指"一般，指哪打哪。一款"能跑步的高跟鞋"成了爆款，我除了最初的绿色，陆续推出了橙色、粉色和鹅黄色的款式，结果都取得了不错的销量。

说起来可能有些自夸，但我认为阿么能够起死回生，并在还债的过程中取得一些成绩，除了公司内外的团结一致以外，我对女鞋市场的敏锐洞察和大胆决策也起到了关键作用。

阿么直播间的机制是每次只讲解一款鞋子，其他款式则通过视频讲解让顾客自主下单。即便如此，那些单独挂在小黄车上的鞋子也能卖出几十甚至几百双。这种良性的自然流量，给了我们生的希望。

随着时间的推移，阿么的粉丝数达到了百万级别。每次开播，都有大量新粉丝涌入直播间。如果在我刚开始直播时能有这样的盛况，我做梦都会笑醒。我当时非常乐观，觉得按照这个势头，还清债务指日可待。

直到现在，我仍然想不通为什么会遇到瓶颈期。

直播快到300天时，鞋子销量骤降至6万，这让我感到恐慌。那段时间，我每天和同事们反复讨论、复盘，但始终找不到具体的原因。被债务支配的恐惧感再次袭来，仿佛要将我的精神一点点吞噬。

我最讨厌的感觉就是"无能为力"。之前欠债高达三千多万时，我也曾慌乱、害怕，但至少还有补救的措施。无论是借钱、贷款还是拖欠，都有个理由和结果。可这次销量的下滑毫无征兆，我甚至不知道自己错在哪里，更无从找到纠错的方法。

与此同时，直播间频繁出现违规问题。抖音直播升

第六章 你卖的不是产品,而是你自己

级后,设定的违禁词特别多,如"最流行""搭配之王"等词语都不能使用。有一次,我为了证明自己是品牌创始人,展示了身份证明,结果直播被强制中断。

抖音直播本质上是一种带货行为,需要遵守行业规范。某次直播中,公屏上一位粉丝的名字恰好是严重的违禁词,我没反应过来,直接喊了出来,导致直播中断。这种情况会被扣分,短时间内扣分过多,按平台规则,3到30天内无法直播,还会影响挂车功能,给商家带来巨大损失。

后来,我每次直播前都会把违禁词贴在显眼的位置,提醒自己不要再犯类似的错误。

工作中持续的违规问题已经让我心烦意乱,而我的生活也在这时出现了意外。在成都一个乍暖还寒的日子里,我的父亲出事了。

当时我正在直播,没接到仓库同事的电话。后来得知父亲在仓库帮忙时手被砸伤,我赶紧赶往医院。一路上,我安慰自己,手被砸了一下应该没什么大碍。但当我看到

父亲的伤势时，心脏猛地一紧。父亲在开箱时用锤子钉到了手，虎口处裂开，伤口触目惊心。

医生表示伤势严重，需要住院治疗。整个过程中，父亲只有在上药时喊过疼，其余时间都在默默忍受。我明白，父亲这是不希望子女担心。

我放不下直播间的工作，只能每天直播结束后去医院陪他，工作也带到医院处理。幸运的是，父亲的手并没有留下严重的后遗症，但虎口处的疤痕清晰可见，很长时间他都无法提重物，直到最近才慢慢恢复。

父亲的意外受伤让我深感自责。长期以来，我忙于应对债务问题，却忽略了家人的感受。他们从未向我要求过什么，反而是用无尽的包容宽慰我疲惫的身心。

我从未要求父亲来帮忙，也没有告诉他公司的真实情况。父亲做了一辈子农民，那笔欠款对他来说犹如天文数字，知道实情只会平添他的烦恼。但他似乎隐隐察觉到了什么，独自来到成都，在过年期间就一直帮我忙前忙后。父亲年纪大了，前端的工作做不来，就去仓库清点货物，帮忙搬箱子。

从小到大，我和父亲的关系并不亲密。他常年在外，我和奶奶生活在一起，很少与他交流。但通过这件事，我感受到了父亲含蓄而深沉的爱。

疲惫是我这段时间最明显的感受。身体上的疲惫来自在公司和医院之间的奔波，心理上的疲惫则来自不知如何在店铺瓶颈期找到突破。

问题总要解决。顺境时，我不为短暂的荣誉沾沾自喜；逆境时，我也不应长久地为之所困。生活正是因为不可控和无法预知而变得有趣。

实际上，在意外降临时，哪怕是经历过风风雨雨的我也会慌张，陷入无所适从的境地。创业者们当然知道要先将风险降到最低，冷静分析现有的问题后，实现资源的合理再分配。可一落实到实处就有问题了。

以这次销量突然下滑来举例，我的应对其实很仓促，因为我完全不知道问题出在哪里。于是我只能先一边推299元"买一送一"的营销策略，另一边不停地与团队伙伴商量对策。我知道299元"买一送一"一定会爆，太便宜了，鞋子质量又好，没有不爆的理由。那我就先要保住直播间的流量，不能让直播间停滞在每天几万流水的状态，那样谁还会有力气干活呢？

每次遇到意外事件都是一次学习的机会。通过总结和反思，我们可以避免在未来重蹈覆辙。比如，定期对生意中的意外事件进行复盘，总结经验教训。根据复盘结果持续优化业务流程和策略，进而提升应对意外的能力。

直播快到1100天的时候，阿么再次碰到了销量下滑的问题。每年夏天都是销售淡季，改变势在必行。我决定从打出差异化出发，找产品的独特性去营销，于是我想到了"古纹"。在鞋子领域，"古纹"是区别于传统手工皮鞋的存在，主料选择具有天然纹理的马皮，长时间穿着后会自带斑驳感，自然又古朴。

与其说我对"古纹"鞋有信心，不如说我对其制作工艺非常自信。多次试色、对色加手工水染，让染料渗透进每一寸肌理，皮料由内而外将颜色显现，更具层次感，也更能经得住时间的考验。自然晾晒可以最大限度地降低皮料的收缩率。不拘泥于传统基础配色，"古纹"鞋有浓郁神秘的红，有优雅气质的杏，有少女情怀的粉，当然也有醇厚复古的棕。

选择"古纹"是因为我想做出一件真正能代表"阿么"品牌的款式，将精湛的传统工艺与独具中国典雅之美的设计相结合，做出一双真正能赋予其深意的鞋。

"古纹"鞋也没有辜负我的期望，客单价能达到1478元，算得上是阿么品牌创立16年来的一个小突破。

遵守平台规则、平衡工作与生活、保持积极心态、寻求外部支持以及总结反思，都是应对意外事件的关键步骤。通过这些策略，我们不仅能够有效应对意外，还能够在逆境中找到新的机会，推动事业持续发展。

能成功翻身的人，都具备什么品质

能成功翻身的人，是否会具备一些常人所没有的品质？我认为是一定的。但如果从我自身出发去写这个话题，我感觉还是片面。相信大家看到现在，也对我负债的故事有所了解，其中我的解决思路也说得比较详尽，所以我想从另一个朋友的故事讲起。

这位朋友我们称他为陈米。他也是因为大环境的变化，生意经历了断崖式地衰落，背上1000多万的债务。不过最终他在绝境中重振旗鼓，直面债务并重新回到职场，目前还在陆续还债中。

陈米的经历与我不同。我从走入社会开始就在创业，并坚定地选择了电商这条路，可以说创业就是我的生存技能。之所以选择将陈米的故事分享给大家，是因为他是从职场中走出来的创业者，更契合当下大部分人的生存思路：先选择一家发展前景较好的公司入职，在公司内深耕并逐渐丰满自己的羽翼，之后再出来自立门户，以追求更多的利益。

这部分人往往对某一领域有很深的了解，熟知其中的运作规则，凭借多年来在工作中积攒的人脉，自身也有

第六章 你卖的不是产品，而是你自己

一定的经济基础，在觉察到市场的需求后便大胆地展开创业。比起我这种白手起家的人，这些人的创业似乎更有底气与保障，殊不知创业的水坑比想象中要深得多。

陈米的前半生算得上"顺利"，在大型企业工作，深得重用，生活富裕，家庭和睦美满。事情的转折还是因为那次创业。

2014年，陈米与几个朋友一拍即合，搞了一家物流公司。当时网购发达，三大物流公司还未成鼎足之势，他觉得有机会，便决定放手一搏。初期运营状况很不错，陈米和他的几个合作商也赚到了钱，用他的话说："他们车子都换了几辆。"

但是时间到了2018年年底，事情突然开始变化。陈米的甲方突然间停止了付款，导致他的资金链断裂。因为其中最大供应商的停摆，直接影响到了整条运营线，最终导致整块业务崩盘。

爬上山顶不容易，跌落却如此迅速，陈米被迫背上了近850万元的债务，算上逾期费用和手续费，金额高达

1000多万元。那段时间里，陈米陷入了深深的焦虑和绝望。为了挽回损失，陈米和合伙人四处奔波，试图通过法律手段追回欠款，然而，现实远比他们想象的残酷。

陈米联系了北京一家知名律所，第一次打官司光律师费就交了48万元，结果对方根本没做什么事，最后退了10万元给他。后续，他又交了35万元律师费，陈米觉得这钱花着心疼，但好在官司打赢了。

尽管陈米打赢了官司，但对方公司早已没有资产可供执行。不仅没有追回一分钱，还在打官司的过程中投入了大量的时间和金钱。陈米又开始了漫长的追债之路。

2019年是陈米人生中最黑暗的一年，每天都在焦虑中度过，担心供应商的催收、员工的工资以及家庭的生计。陈米卖掉了房子、车子，才还上了工人的大部分工资欠款，但也只是巨额债务的冰山一角。他早已上了征信黑名单，无法从各个银行贷款获得喘息。那段时间，他甚至有过极端的想法，站在北京的街头，看着车来车往，内心充满了无助和崩溃。

第六章 你卖的不是产品，而是你自己

可生活总要继续。2020年，外部环境的剧变让他意识到，不能再依赖幻想中的"一锤子解决"方案，必须面对现实，重新规划自己的生活。

于是，陈米决定回到职场，重新开始。

重返职场并不容易，尤其是对于一个曾经创业失败、负债累累的人来说。但陈米明白，只有通过稳定的收入才能逐步解决债务问题。幸运的是，他的家庭给了他极大的支持。父母和姐姐不仅没有责备他，还在经济上给予了他很多帮助，让他在心理上得到了极大的安慰。

2022年，陈米终于从负债的阴影中走了出来。虽然债务问题还没有完全解决，但他已经学会了如何与它共存。陈米明白，生活不是一蹴而就的，日子要一天天过，问题也要一步步解决。

如今，陈米的生活已经逐渐步入正轨。虽然还剩下大额债务未还，但他已经不再为此感到焦虑。他始终相信，只要继续努力工作，保持积极的心态，总有一天能够彻底翻身。

负债翻身的过程虽然艰难,但它让我们学会了如何面对逆境,如何在困境中找到出路。陈米之所以能翻身成功,除了自身强大的精神力之外,还与他在奋斗过程中展现出的过人品质密不可分。

第一,不急于求成。陈米在创业之前,很努力地在自有领域不断深耕,衡量多方得失,在评判过市场环境与自身能力后才走上创业道路。这让他在创业前期赚到了钱,浅尝了一下成功的滋味。

在后续的负债过程中,他也深知负债的解决不是一蹴而就的,需要时间和耐心。不要幻想一夜之间解决问题,而是要脚踏实地,一步步来。

第二,真诚以待,追求合作与共赢。做生意要注重合作,不能单打独斗,而合作是一门精深的人际关系学,选择合适的合作伙伴并真诚相待,才能互利共赢。在陈米的故事里,创业初期他的确找到了一群可以信任的合作伙伴,助力实现盈利。

怎奈人心多变,供应商的突然撤局让他措手不及。不

第六章 你卖的不是产品，而是你自己

过，陈米依旧收获了"革命友谊"。他有一位朋友小任，两人从创业开始就有合作，当陈米背负债务时，他也不离不弃，陪着他一起在北京寻找解决的途径。从商业层面来讲，小任的支持与家人给予的陪伴不太一样。作为局中人，他何尝不知道陈米追债胜算不大，却依旧愿意为朋友停留，积极寻求解决的办法。这份情谊给了他们日后一起翻身成功的动力。

第三，认清现实，学会放下。这一点尤其难得。当我们真的经历过短暂的成功时，对于失败就越发无法接受。就如同陈米，供应商出现的问题最后却要由他来背负，血气方刚的男儿又怎能接受这样的失败呢？所以两三年里，他陷入了自我怀疑的怪圈，一味地向外索取，试图通过"一次性"的成功解决眼前的债务，将黄金时间都浪费在了不断追债的过程中。最终的结果是债务没有着落，自身的生活也支离破碎。

好在他后来醒悟了。他终于明白有些债务可能永远无法追回，与其纠结于此，不如学会放下，专注于眼前的生

活和工作。

债务有时就像恰巧落在你头顶的一块乌云,明明身处的生活阳光明媚,只有你的头顶乌云密布。这时,我们需要的不过是点燃一根蜡烛,或许不明亮,但足以映照出"回家"的道路。"回家"有可能是继续死磕,也有可能是彻底放下认清现实。能回到正常的生活轨道上,这份选择的勇气才真正值得钦佩。

作为朋友,陈米的不幸遭遇让我很遗憾。他明明拥有美好的未来,却因为一场创业、供应商的一个举动而使生活发生了天翻地覆的变化。但也很庆幸,我看到了他的转变。负债初期,他曾找过我咨询意见,但当时他整个人被负面情绪包裹得密不透风,那些建议我并不认为他听进去了。直到后来,我从朋友圈中依稀知道了他的近况,我们两个"负债者"进行了一次长谈,产生了很多只有负债的人才会有的共鸣。

那些绝望与无助,我比任何人都懂得,而当知道他走出困境,重燃对生活的希望时,我也替他感到开心。

对于那些正在经历类似困境的朋友,我想说:"负债并不可怕,可怕的是失去希望。只要你不放弃,生活总会给你机会。无论你现在处于多么艰难的境地,请相信,只要你坚持下去,终会迎来翻身的那一天。"

什么是好生意?如何做好生意?

每一次的创业都需要深思熟虑,每一位创业者在踏上这条路时,都需要具备足够的勇气。我相信没人会打无准备之仗,前期的考察、中期的规划、后期的运营都缺一不可。我也相信每个人都会有搜集资料的自觉。

可创业者所面临的核心问题并不是这些,而是不知道自己即将踏入的领域到底能不能做成,什么是好生意,如何做好生意。

好生意就像一口活水井,能源源不断地出水,且水质清澈。活水就是能持续产生现金流,水质就是你的产品是否能提供真实有用的价值;而井壁的牢固度取决于你的抗压能力，是否有独家签约，是否有在某一领域的专利。三点都具备，活水井的状态就会好，那这就是好生意。

像现在网红景点经常会出现的气球摊，或者卖应季糖葫芦的小摊位，成本不高，也能赚钱，但一定无法持久，短暂火爆几个月后便无人问津。就像暴雨后的小水坑，很快会干涸。

卖手工女鞋对我来说就是一门好生意，我更愿意把它比喻成一棵会呼吸的树。树根是大众的基础需求，一双舒适的鞋子是每个人的必需品，这是我选择这条赛道的原因。树干就是阿么的手工鞋品质，每一双鞋的大部分工序均由手工匠人完成，品质过硬。树枝是公司完整的内部体系，能迅速有效地针对各项问题做出反应，做到"今日事今日毕"。最后生长出的枝叶，就是对阿么给予信任的粉丝和顾客。多方共同努力，最终生长成"阿么手工女鞋"这棵生机蓬勃的大树。

所以好生意永恒不变的内核是解决真实问题、建立信任关系、保持合理利润。好生意的主体，一定是持续解决

第六章 你卖的不是产品，而是你自己

真问题的手艺人。

想测试自己的创业项目算不算好生意其实很简单，不妨先在心里想三个问题：如果停电3天，会有人需要你吗？客户会主动介绍朋友来吗？你的利润模式像滚雪球，而不是化雪球？

比如，在停电的时候，盲人按摩店不会受影响，但共享充电宝的产业链会陷入停摆，说明盲人按摩的生意更具有与人联结的本质。豆腐西施会因为每次多送顾客一把葱花而收获30%左右的回头客，一传十，十传百，顾客肯定是不愁的。聊到利润模式，现在有教老年人上网的课程，客户越多，成本越低，规模一旦形成，利润就像滚雪球一样。但如果是跟风开的奶茶店，由于市场饱和，原材料价格竞争激烈，随便一条大街上都有四五家奶茶店，很容易陷入被动降价的境地。

若以上3个问题的答案都是肯定的，那么恭喜你，你似乎已经找到了一门可以持续深耕的好生意。所以在下一次创业时先问自己："我的生意是捧着冰块晒太阳，还是带着雪球爬雪山?"

当我们找到了一个可以发力的领域,后续要如何经营呢?这就来到了如何做好生意的环节。

时代在变,对于如何做好生意的观念也在变,但其本质是不变的。在线下店火爆的时代,我们知道要选好地段、货品齐全、价格合理、服务热情。

而在电商时代,这些传统要素会因科技的发展而被迫升级:选择好地段变成了选择合适的线上商城,货品齐全变成了需要精准把握用户的需求,价格便宜变成了要不断为客户提供情绪价值,服务热情变成了提高客户的参与感。

我们应先从概念出发,再根据自己的实际情况进行调整。

首先,做生意应先看需求再看钱,找"天天要用的痛点",避开"一阵风的生意"。你就想一件事:假如再出现不可抗的因素,这个生意还能做吗?

其次,设计模式,让钱滚进来,做"回头客生意",

不做"一次性买卖"。比如,我设计的直播间"买一送一"机制,是否也能用到美容美发行业?

再次,永远留后路,备好"救命钱",别等"人找钱"。起码要留三笔钱——房租、员工工资、少量利润。有精力的人最好用一个业务养家,两个业务防塌。

又次,注重客户黏性。制造属于你和顾客的专属记忆,搭建人情网络。生意最好的面馆,生意之所以兴隆,很大程度上是因为老板一定会记住常客的喜好。

最后,持续升级,按需"偷师"。无论是研究对手新招,还是咨询客户意见,每个生意都需要持续地进步,适时加入一些跨界的创新,让生意变得灵活起来。

好生意不像造火箭,而是像种一棵苹果树,选对品种(需求)、扎牢根基(模式)、定期修枝(风险)、让摘苹果的人(客户)年年想来,最后你才能躺在树荫下数果子(利润)。

我们拥有了好生意,也明白如何做好生意之后,是不是就可以躺平等数钱了呢?我认为我们还是要回归自身,稳住自己的内核。

今年2月中旬,元宵节前后,我跟随老友王咏开启了一场"寻源之旅"。咏哥是我十年的好友,也是一位出色的创业者。他搞了一个公益社群叫"美好PLUS",吸引了很多和我一样的创业者加入。

这次的"寻源之旅"是个公益项目,其目的是让大家不要忘记来时路,不要忘记初心。我们先是去了我老家巴中吃了"八大碗",又去敬老院送了些物品。

再次走进敬老院,为老人带去生活用品,看到他们眼中的笑意,我忽然觉得原来幸福也可以这样简单,是付出,是陪伴,是这些被爱意包裹的瞬间。

第二天我们一行十六人又到了广元。队伍里有位女性创业者王明娟,曾是京东的副总裁,出来创业成了"翡翠女王",能有如此魄力着实令我钦佩。

我们本意是去她家吃饭,在辞旧迎新的时刻放一次烟花。结果当地县长知道这件事后出来建议,不如叫上乡亲们一起。于是原本想小打小闹地放烟花,变成了一场全县

第六章　你卖的不是产品，而是你自己

瞩目的烟花秀，场面非常美好，我想我会记得很久。

我之所以答应与这群好友上路寻源，是因为一句话打动了我："人其实不是活了一辈子，而是活了几个精彩的瞬间。"

负债之路何其坎坷，好在我也收获了很多"精彩的瞬间"。直播到第365天的时候，我在朋友圈写下：

今天是我们连续直播的第365天，今天我播了9小时。

从2021年8月26日到2022年8月25日，365天，平均每天6小时的直播，从未间断过，也不敢断播。这一年经历了创业的九死一生，这一年都在"真还传"。我想如果直播没做起来，我一定是一个被执行人，坐不了飞机，上不了动车。

感谢所有遭遇让我成长，让自己变得更加坚强，因为所有的遭遇都是因自己曾经犯下的错。在此特别感谢网商银行、工商双流支行、邮政储蓄双流支行、泸州银行、浦发银行、微众银行等银行在我最艰难的时候能给我贷款。

也感谢我身边朋友的借款支持。特别感谢黄建明大哥、张建国大哥，明知艰难也愿意相信我。永记于心，永不相忘。感谢30位优秀的创始人为阿么825打Call，感谢抖音靴靴运营和巨量引擎的助力。365天是终点也是起点，更要专注，更要聚焦，更要不忘初心。

我可以很肯定地说，不忘初心这件事，我始终没变，我依旧带着虚心和诚心，一步一个脚印地走在还债的道路上。

我在第365天的时候，搞了一个小小的仪式。前期预热阶段，我邀请了30位业界大咖录制祝福视频，其中包括我的好朋友严素、鱼耕田、蝉子姐弟等四川网红达人，还有高梵的吴昆明，以及达人温姐。

他们的祝福语至今让我记忆犹新。老友严素提到"坚持的耕耘必将收获成功，祝阿么女鞋订单节节攀升"。鱼耕田则说出了心里话："我非常佩服他的坚持，以及面对逆境不认输不躺平的精神，阿么也是我创业路上的导师。"探观的创始人咏哥分享道:"肖龙第一天直播就给我发消息,没想到能坚持到这么久,祝愿阿么能成为中国民族品牌的标杆。"高梵的吴昆明大哥也祝愿阿么"早日成为中国的世界级品牌"。听到这句话,我几乎要飙出泪来,因为这正是我多年奋斗的目标和心中长久的期盼。

还有温姐,她的每一句话都说到我的心坎里:"365天的坚持,365天的直播,我们看到的是创始人不服输的精神,在危机中找到了机会。"确实,365天的坚持不懈,每一天都不容易,而这也成就了一件虽不伟大但绝对值得骄傲的事情。

在这次周年庆中,我在直播间做了一件想了很久却一直未下定决心的事:与粉丝们分享我从头到尾的创业故事,包括我是如何从曾经小有成绩的女鞋老板,慢慢变成了背负大量贷款,濒临破产,差点成为被执行人的经历。

在看清世界的真相后,依然热爱生活,并为之不断向前挺进,是我也是每位平凡人的英雄主义。

再说回这次的"寻源之旅"。我们还有幸到饺子导演的可可豆公司门口短暂驻留，我和咏哥、明娟，还有净海鹰都非常激动，虽然没有进去参观，只是在门口拍了照片，也算追星成功了。进园区参观的人特别多，我为了拍照，汽车轮胎从我的脚上轧过也不觉得痛。

我特别喜欢《哪吒》，也被饺子导演的匠人精神深深折服。后来我才知道他是非科班出身，凭借自己的热爱，毕业后转行自学动画制作。处女作《打，打个大西瓜》就获得30多个国内外奖项。这是多么强的自学能力和毅力。

他并没有选择走"捷径"，而是用近10年的时间打造了两部精彩的电影，只因那句"电影是为观众服务的，不是为导演服务的"。他创作的哪吒形象具有"我命由我不由天"的反抗底色，而这又何尝不是他自身的真实写照呢？

实在是因为太过佩服，我在朋友圈里写道：

这里是哪吒破茧的梦工厂，每缕空气都似藏着奇幻的魔法。灵感在此扎根，想象肆意疯长。愿我们都能寻着热爱，在生活的江湖中书写属于自己的神话。

在商业世界，人们常将产品视为与"自我"割裂的存在，认为只需找准目标、持续经营便能赢得市场。然而，真正能穿透时间、建立用户忠诚的往往不是产品本身，而是产品背后那个"活生生的人"。所有商业行为的终极内核，本质上都是"人的价值"的传递。

当产品与创始人的价值观、人生故事深度绑定，消费者购买的不仅是产品，更是一种情感认同与信任契约。当"自我"成为产品核心，意味着必须接受更严苛的审视：言行一致不再是美德，而是生存底线。

长期主义者，不会将产品与自我割裂，因为每一次产品升级都是个人认知的刷新，每一次用户反馈都是自我价值的再校准。

产品是价值观的流动、故事的载体、信任的凭证。所有商业行为的终点，都是让他人通过产品触摸到你真实的存在；而产品，正是那面照见自我、连接世界的镜子。

互动问题

1. 如果生意中出现意外事件，你第一步会做什么？

2. 如果现在你生病一周，你的生意会停摆吗？预想3年后，你的生意是越做越轻松，还是越做越累？

3. 如果负债，你是选择彻底放下另辟新路，还是选择死磕到底？

第七章　要成为好的创业者，也要做更好的自己

　　感谢每一位愿意读到这里的读者。我的故事里没有特别跌宕起伏的情节，一位落魄的中年老板负债翻身的故事或许并没有那么吸引人，我能做的只是把我这一路走来的心路历程毫无保留地分享给你们，将自我展露给你们。

　　时至今日，我仍认为我没什么资格给予别人"说教式"的建议，但请相信，写在书中的案例和经验都是我一步步实践后的提炼，我愿意真诚地分享给大家，也欢迎大

家与我一起探讨并给予建议。

我希望能以"创业路上第一个伙伴"的身份与你们交流，帮助初期的创业者少走点弯路，也能与志同道合的人们一起聊聊那些共同成长的话题。

我不是一个完美的人，从性格上来讲，在创业之初，坦白地说，我也不是一个谦卑的人，但敢给你提建议的人一定要珍惜一辈子。

贾鹏雷是大江会的创始人，我们都叫他班长，他很支持创业者们互相交流学习，并开展了很多游学活动。我跟他关系不错，每次来到成都参加活动时，都是我去接送他。10年前，有一次送他去机场的路上，车里只有我们两个人，他突然跟我说："肖龙，你有点像朱元璋。"

这话说得我一头雾水，忙问他是什么意思。他解释说，因为我很喜欢打断别人，在聊天的过程中把自己放得很高，用四川话讲就是"要不完了"，感觉自己是天下第一。他建议我多去读朱元璋的故事，大概就会明白他想表达的意思。

第七章　要成为好的创业者，也要做更好的自己

我听从了他的建议，开始了解朱元璋的生平，后来我才明白他的深意。朱元璋打江山时杀伐果断，很有军事头脑，因而得以创建明朝，成为一代君主，但在晚年，他开始肆意杀戮，听不进良臣谏言，逐渐变成一位暴君。

了解过后，我恍然大悟，原来在创业初期获得了一些成果后，我也在不经意间陷入了骄傲自满的状态，把自己放在很高的位置上，听不进别人的建议。我明白了贾班长的良苦用心，他是希望我能做一个谦卑低调、学会聆听他人意见的创业者。

这一点对我后来的创业之路非常重要。现在再去参加活动，我都会让别人先发言，我最后再说。在创业的世界里，激情、野心和自信常常被视为成功的关键要素；然而，有一种品质往往被忽视，却在创业过程中发挥着至关重要的作用——谦卑。谦卑不是软弱，而是一种智慧，一种能够帮助创业者在复杂多变的环境中保持清醒、持续成长的隐形力量。

回顾这一场突如其来的负债"骤变"，我一直认为我

是收获更多的一方。遍历人生艰难后，我不只带领团队东山再起，让事业起死回生，更重要的是，我重新定义了自己，重新定义了生活。这是生命馈赠的意外之喜，我备感幸运。

故事的背后不只是一个落魄的中年老板负债翻身的过程，也是我与阿么一起走过的16年。

16年，不算短也不算长，却几乎记录了我与阿么跌宕起伏的全过程，也记录了我的前半生。

最初，我只管卖鞋，认为自己销售能力超群，能说会道，上至耄耋老人，下至黄口小儿，我都能和他们打成一片。所以我一开始的策略与许多创业者一样，找个批发市场，低买高卖，赚个差价。

后来随着时代发展，信息壁垒逐渐消失，人们不再需要中间商这个角色，都愿意寻找源头产品，力求拿到物美价廉的商品。

于是，我决定走进工厂，从源头了解鞋子的制作过程。其间我遇到了一群为手工女鞋默默奉献的匠人们，他

第七章　要成为好的创业者，也要做更好的自己

们一辈子只会制鞋这一件事，他们曾见证了行业的兴起，也对行业的逐步衰落感到无可奈何。从青春年少坚持到白发苍苍，匠人用一双手支撑起整个家庭的生计，成了整个手工鞋产业最耀眼的名片。

之后，我开始跟进选品，并主动参与研发，努力让自己变成一个"女鞋通"。我也号召主播团队所有成员一起走进鞋厂，努力培养发自内心热爱女鞋的主播。主播这个行业，如果你不热爱它，如果你不发自内心地认可你卖的产品，将会是一个非常消耗的行业。

我很幸运，这一路纵有坎坷，但我努力挺了过来。当我站在跑过的路口向后望，星星点点的成就早已布满来时路，那是对人生的表彰。

从2022年开始，阿么陆续收获了一些奖项。最让我惊喜的莫过于抖音巨量引擎颁发的百金品牌大奖和创新营销奖。

除此之外，阿么在2024年继续斩获抖音电商营销案例大奖，并获得2025年引擎奖全场大奖，荣登抖音电商时尚

卖家以及连续5年的四川省电子商务示范企业。我本人也有幸在2024年荣获科睿创新奖年度青年创新力人物以及蓉城先锋·最美电商主播，作为商家优秀代表，参与巨量引擎炬光云零售"旺铺计划"线下发布会和直播对谈。

同时，阿么摘得了平台女鞋复购率第一的荣誉。这个数据是抖音官方的数据，意味着阿么拥有一批最坚实的客户。

今年，我又收到了两份特别的荣誉——年度优秀政协委员和优秀提案。我在去年两会期间提交的《关于双流电商发展的若干条建议》提案，荣获政协成都市双流区委员会年度优秀提案。这份荣誉意义重大，它既是对我个人付出的肯定，更意味着电商发展工作得到了重视。我会再接再厉，积极履职尽责，为行业发展建言献策！

业界和同行的认可，以及粉丝们对阿么的信任，都在不断激励着我朝着更高的目标挺进。

我也要感谢成都这座城市。从学生时代我对成都就有莫名的向往，这座城市热情且包容，见证了我人生中很多重要节点。

我喜欢荷花池批发市场门口8元一大碗的臊子面,喜欢炎热夏日路边摊的爽口冰粉,喜欢龙门阵里那杯回香悠长的盖碗茶,喜欢憨态可掬的大熊猫,喜欢热辣的串串和火锅,喜欢这里不太高的物价、不冷不热的好天气,更喜欢这里的人永远热情洋溢,面带微笑、怀揣豁达去面对生活。

某种意义上,成都的热情也持续地感染着我,将我重塑成一个有爱心并愿意传递爱的人。

创业会改变一个人,我想是真的。我变了。我不再拘泥于眼前的利益,而是会持续地思考,我能创造出什么社会价值;我不再自满膨胀,愿意相信人外有人、天外有天,以谦逊之心对待一切事物;我不再一头扎进"负债"的旋涡中,深陷绝望无法自拔,反而更愿意留心身边的小确幸,从生活的细微处获得幸福感,关心家人、伙伴与能够在这里和我产生交集的你们。

我终于明白,创业是一场没有终点的旅程,它既是对外部世界的探索，也是对内心世界的修炼。唯有在创业中成就更好的自己，方能创造更大的价值，实现更美好的人生。

在之前出版的一本书的结尾，我写道："为鞋生，为鞋死，为鞋奋斗一辈子。"这不是一句空话，时至今日，我仍在践行这句话的道路上昂首挺胸地向前迈进。

但我想改一下另一句结尾："别人看不起你的瞬间，是你光鲜亮丽的起点。"我依旧很喜欢这句话，也相信它能说出很多创业者不想服输的心声。

我还想再加一句："创业的终点，不是财富的巅峰，而是自我的圆满。"

创业的过程并不一定全部是快乐的，回报与付出有时也不会完全成正比。但我衷心地祝福你，我的朋友，愿你能够从这场修行中将过往打碎，重塑一个崭新的自我。

后　记

时隔一年再次提笔写书，我的内心仍然充满忐忑。尽管这段时间里，我几乎每天都在看书，可看得越多，我对于那些敢于输出自己观点的人就越发敬畏。

我很担心没什么文化的我，不能真的给予读者切实有效的创业建议，但请相信，写在书中的提议和经验都是我斟酌再三后谨慎下笔的，且是我诚心诚意想分享的。我希望不论是正在经历负债翻身的创业者，还是打算投入创业的新手，都能从这本书中找到对当下经历有用的灵感。

与其说这是一本教人如何负债翻身的书，不如说这是我想与素未谋面的你分享我的前半生的自传。文字或许笨拙，但我拥有一颗赤诚的真心。

在结尾处，我仍想用一些篇幅写下我的感谢。没有你们，就没有这本书。

感谢时刻陪伴在我身边的家人，感谢我的爱人，她是个伟大的女人，在我跌入谷底时仍不离不弃，激励我，相信我，与我携手共进，在我为还债分身乏术时照顾两个孩子健康成长。我也希望书中留存的精神，可以成为两个孩子肖嘉懿、肖俊喆在未来遇到困难时迎难而上的动力。

感谢我的朋友王冠舒，在写第一本书时她给予我这个写作"新手"很多建议，虽然她不信我能写出第二本，但还是耐心地陪我一起修正故事中的内容，贡献了很多精彩的观点；感谢我的同事卢婷，在繁忙的工作中仍抽出时间帮我跟出版方沟通，让我能一心投入写作；也感谢本书的出版人李华君老师、梁清波老师、王巍老师，他们用专业的态度，在我想偷懒放弃的时候时刻鞭策着我，使得本书能顺利出版。

感谢阿么的每一位同事和一路陪伴阿么成长的粉丝朋友们。我何其有幸能找到一份喜欢的事业，又如此幸运地遇见你们，未来，阿么和我也一定不会让你们失望。

最后，我想再次自我介绍一下。我是肖龙，一位普普通通的女鞋老板，曾因决策失误欠下3300万的债务，如今依旧在不断直播还债。

这是我负债翻身的故事，过程并不顺利，好在已慢慢拨云见日。

如果此刻的你正处在人生的谷底，不要恐惧，或许答案已经在路上。